TECHNIQUES de PRESENTATION

POUR LES ARTISTES & GRAPHISTES

SACHEZ VENDRE VOS IDÉES

Jenny MULHERIN

TECHNIQUES de PRESENTATION

POUR LES ARTISTES & GRAPHISTES

SACHEZ VENDRE VOS IDÉES

Jenny MULHERIN

DESSAIN ET TOLRA

10, rue de la Pépinière - 75008 Paris

© 1987 Quarto publishing plc
Titre en langue anglaise :
Presentation techniques for the graphic artist.
How to sell your ideas effectively.
ISBN 0-7148-2488-7

Traduction : Patricia LANDRY
Conseiller technique : Alain Bouaziz, professeur
au lycée du Livre et des Arts Graphiques
Maximilien Vox (Paris).

© Dessain et Tolra, Paris
Dépôt légal : décembre 1988
Imprimé par Leefung-Asco Printers Ltd, Hong Kong

ISBN 2-249-27765-6

SOMMAIRE

Introduction

A droite. L'idée initiale concrétisée dans ces dessins pour dépliants d'agences de voyage a eu suffisamment de succès auprès du client pour ne subir que peu de modifications dans une version ultérieure plus travaillée et enfin dans sa version définitive.

Dans le domaine compétitif des arts graphiques, il ne suffit pas d'avoir confiance en son talent et son habileté : il vous faudra persuader le client potentiel que, non seulement vous êtes qualifié pour le travail qu'il veut vous confier mais aussi que vous êtes la personne dont il a besoin. Vous devez donc apprendre à « vous vendre » (ou à faire gagner le budget par votre agence) ; ensuite, grâce à des présentations adaptées, vous pourrez garder la confiance du client. C'est seulement après avoir fait accepter vos idées (en principe, il faudra pour cela plusieurs présentations) que vous pourrez entreprendre le travail menant au produit fini.

Il est surprenant que les professeurs et experts dans ce domaine aient souvent négligé de parler des qualités et des techniques qui permettent au graphiste de présenter son travail avec la plus grande efficacité. Cette négligence provient sans doute de l'idée erronée qu'être capable d'illustrer ses idées par des moyens graphiques particuliers, permet également de les vendre. Cependant, il apparaît que toute création, aussi originale et brillante soit-elle, n'obtiendra pas le succès qu'elle mérite si elle n'est pas présentée au client de manière attrayante et appropriée.

Ce livre est donc destiné à combler cette lacune. Il vous apprendra comment présenter vos créations graphiques avec clarté et efficacité. Il vous conduira par étapes successives de la présentation des premières ébauches jusqu'au stade final et insistera sur des techniques spéciales comme celles permettant, par exemple, de simuler un texte ou de présenter des illustrations. Des instructions faciles à suivre vous indiqueront

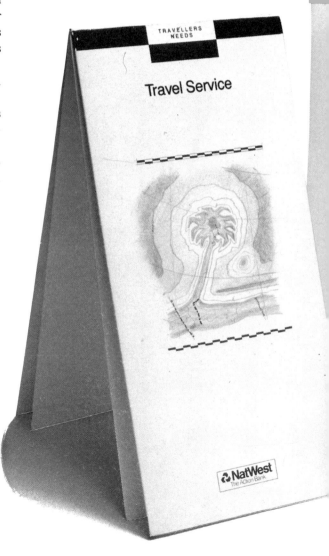

■A gauche et ci-dessous.
Ces croquis explorent diverses
idées d'en-tête de lettre.
Après consultation avec le
client, le graphiste a dessiné
des visuels plus élaborés.

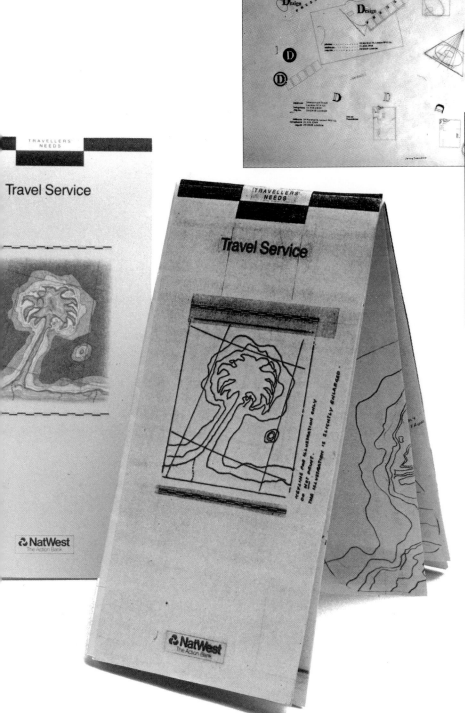

comment obtenir des résultats de qualité professionnelle dans un minimum de temps et à moindres frais aussi bien pour une présentation
exceptionnelle que pour des maquettes finalisées*.
La meilleure des préparations peut cependant
n'aboutir à aucun résultat positif si vous n'avez
pas reçu du client les instructions nécessaires et
vu précisément avec lui ses besoins ainsi que la
cible commerciale qu'il vise.

Le problème est plus complexe qu'il ne
paraît au premier abord. Certains clients n'arri-
vent pas à définir le genre de dessins qu'ils atten-
dent mais diront ce qu'ils souhaitent. Dans ce cas,
votre première présentation devrait consister en
un choix de plusieurs esquisses vous permettant
d'évaluer la réaction du client en fonction de styles
spécifiques. En aidant le client à préciser ses idées
d'une manière aussi positive, vous faites un premier pas pour établir un bon climat de travail avec
lui. Il est recommandé au cours de ce premier

■ Ces exemples illustrent la diversité des styles et des manières d'esquisser des projets de visuels. Ils mettent en évidence le besoin de recourir à des illustrateurs spécialisés dans certaines techniques.

■ **A droite.** Ce projet de jaquette d'un livre sur l'aquarelle exploite diverses idées parmi lesquelles le client fera un choix. Pour gagner du temps, le graphiste s'est servi de crayons de couleur solubles à la place d'aquarelle.

■ **Page de droite : à droite et en haut.** Ces deux esquisses de sigle* de société (pour le Rockefeller Center à New York) faisaient partie d'une série de planches présentées au client. Le dessin devait convenir à des supports aussi divers que du papier à lettres et des uniformes. Ces motifs ont été découpés dans du papier de couleur.

■ **Page de droite : en bas à droite.** Un dessin fait au marqueur a été collé sur cette boîte de produits d'entretien de voitures. Pour la version finale, l'idée originale a été gardée mais le style du dessin complètement modifié.

contact d'écouter attentivement le client, de prendre des notes en relevant ses préférences concernant par exemple les couleurs ou les styles typographiques. Il ne faut jamais avoir peur de poser des questions sur des points à éclaircir ou sur des sujets qui n'ont pas encore été abordés. De nombreux graphistes trouvent utile de dresser une liste des points à discuter en indiquant aussi la manière de les présenter. Les présentations chez le client peuvent prendre diverses formes : elles peuvent consister en une simple discussion avec lui seul ou avec quelques-uns de ses collègues mais elles peuvent aussi avoir lieu devant un groupe de personnes de la Société à qui vous expliquerez à l'aide de documents et de diapositives le développement d'idées avec leur représentation graphique. Malgré un travail soigné de préparation, ne vous attendez pas à trouver immédiatement la solution. Soyez préparé à modifier votre dessin à plusieurs reprises avant d'obtenir la version définitive. Ce livre vous fournira des conseils précieux pour arriver à un accord avec votre client.

Au début, vous travaillerez sur des ébauches. Vous explorerez un certain nombre d'idées que vous traduirez en dessins. Puis vous en choisirez un en particulier que vous retravaillerez avant de le présenter au client. Si celui-ci désire participer plus activement au projet, vous vous servirez de ces esquisses comme point de départ d'une discussion pour lui expliquer les raisons de votre choix. Vous n'avez pas d'intérêt, à ce stade, à produire des dessins très détaillés ; cela pourrait même avoir un effet négatif, laissant croire à un manque de souplesse de votre part. Il est recommandé de noter tous les commentaires du client pour en tenir compte dans l'évolution de vos dessins. Si, pour des raisons esthétiques valables, vous rejetez certaines de ses suggestions, expliquez-lui votre point de vue.

Une fois ce travail préliminaire approuvé, vous serez obligé le plus souvent de produire des esquisses plus élaborées. Vous devez voir avec le

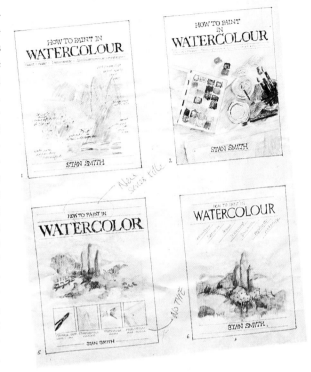

client dans quel esprit les illustrations seront imaginées et pour quel public elles seront conçues. Un calligraphe professionnel, un illustrateur ou un photographe spécialisé pourront, avec vos instructions, mieux finir vos travaux. Assurez-vous que votre budget couvre ce genre de dépenses.

La présentation finale, qui a généralement lieu devant des directeurs, y compris les responsables commerciaux, peut paraître intimidante mais si vous avez travaillé en étroite collaboration avec le client et si vous avez confiance dans votre idée autant que dans la qualité de vos dessins, alors vous n'avez rien à craindre. En suivant les conseils donnés dans ce livre, vous pourrez non seulement produire des maquettes de grande qualité mais aussi les présenter en expert.

N.B. Les mots suivis d'un astérisque sont expliqués dans le glossaire.

Notions fondamentales

Toute commande de travail commence par une rencontre avec le client, ce qui peut aller de la plus simple conversation jusqu'au rapport écrit avec, à l'appui, des documents détaillés qui auront fait l'objet de recherches. La forme de l'entrevue importe peu du moment que vous êtes sûr d'obtenir *toutes* les instructions nécessaires *avant* de commencer le travail.

C'est au cours de cette rencontre que vous apprendrez à quel public votre travail doit plaire et ce qu'il doit communiquer. Les marchés sont constitués de personnes : essayez d'imaginer à qui s'adresse chacun de vos travaux et ce que vous pouvez faire pour retenir son attention. N'hési-tez pas à poser au client les questions nécessaires pour connaître ses besoins.

Il va sans dire que la durée et le budget sont des conditions déterminantes dans le choix d'une solution et qu'ils affectent également la méthode de présentation. Les graphistes débutants, en particulier, doivent avoir conscience, dès le début, de ces restrictions et doivent se rappeler qu'un budget limité réduit l'ampleur des recherches mais ne doit pas affecter la qualité des présentations.

De l'importance du travail, et du budget accordé dépendront le mode de présentation autant que le genre et le nombre de projets à pro-

poser. Le client doit-il consulter d'autres personnes ? Le Président de la Société assistera-t-il à la présentation ? Dans ce cas, vous pourriez lui donner un caractère plus officiel. Discutez avec le client des conditions matérielles et mettez-vous d'accord sur le mode de présentation ainsi que sur le nombre de projets à lui soumettre (ou à soumettre à ses collègues). On évitera de cette façon des présentations trop sophistiquées ou encore inappropriées.

ROUGHS* ET CROQUIS RAPIDES

Après avoir reçu les instructions du client, du directeur ou du responsable artistique, le graphiste doit produire ses premiers roughs*. Ceux-ci consistent essentiellement en des idées concrétisées sous forme de croquis et d'esquisses. Ils sont généralement exécutés au crayon ou au feutre mais d'autres moyens peuvent aussi convenir si le dessinateur les préfère. Ils sont destinés à explo-

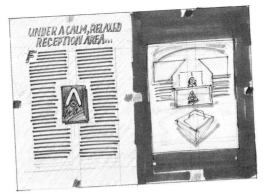

■ **A gauche.** Pour dessiner ces esquisses destinées à une revue, on a utilisé des marqueurs. On remarque que le texte imprimé est sommairement indiqué à l'aide de lignes parallèles alors que les titres reproduisent de près les caractères typographiques. L'un de ces modèles a une facture classique tandis que l'autre est actuelle.

■ **A droite.** Pour ces six projets de sigle dont l'aspect varie considérablement on s'est servi de marqueurs. Le dessinateur les présentera plutôt comme premiers roughs que comme des croquis à retravailler. Son talent de calligraphe apparaît avec évidence. Le débutant peut arriver à une qualité d'écriture similaire en copiant les lettres d'un catalogue de caractères typographiques. On remarquera que le modèle central est une photocopie de caractères typographiques tracés à la main.

rer des idées et à les juger en fonction des instructions reçues. Dans la plupart des cas, ils servent de point de départ à une discussion avec le client : ils seront modifiés, repensés ou rejetés en fonction de ses commentaires. C'est à ce moment-là que le choix se portera sur une conception particulière.

En général, les dessinateurs exécutent une série d'ébauches à échelle réduite, de notations rapides ou de croquis (on sait que certains croquis brillants ont parfois été griffonnés sur le dos d'une enveloppe). Vous ferez des croquis de petite dimension s'ils communiquent mieux vos idées mais assurez-vous d'abord que votre client ou son directeur artistique accepte ce genre de présentation. Le plus souvent, le graphiste exécute des croquis succincts pour essayer de définir graphiquement diverses idées qui pourraient convenir avant de présenter ses premiers roughs*. Ces croquis peuvent servir de « notes » ou permettent de travailler certaines idées sur place tout en discutant avec le client.

Votre premier rough*, même sommaire, doit se conformer à des principes techniques de base ainsi qu'aux instructions du client. Si le sujet est traité en caractères typographiques, le titre et les autres indications écrites doivent avoir la dimension appropriée, être disposés de façon agréable sur la page et ressortir comme il se doit. Si, par exemple, le graphiste utilise une illustration, il devra chercher le style qui convient le mieux et s'il associe une illustration à un texte imprimé, il devra trouver la disposition la mieux appropriée du texte par rapport à l'image. L'idée à communiquer doit apparaître au premier coup d'œil, même sur une esquisse sommaire.

Le degré de finition des roughs* variera suivant la personne à qui vous devez les présenter. Un directeur artistique ne désirera vraisemblablement pas des roughs détaillés, en revanche, un directeur commercial, n'étant sans doute à même de juger que ce qu'il a devant les yeux, pourra souhaiter des esquisses plus précises. Suivant le client, la réaction peut varier considérablement. Nombreux sont ceux qui préfèrent les dessins à main levée ou des croquis exécutés sur le vif devant eux parce qu'ils ont alors l'impression d'avoir activement participé à l'élaboration du projet. D'autres ont besoin, pour faire leur choix, de roughs relativement travaillés. Il est recommandé d'évaluer, lors de la première rencontre avec le client, le nombre total de roughs

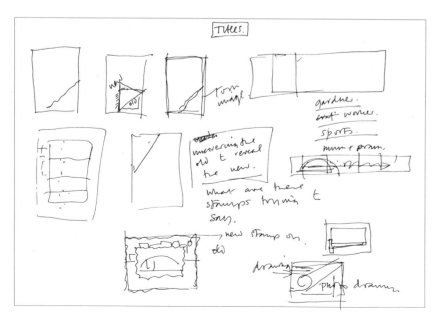

■ **A gauche.** Voici le genre de croquis réalisés par un dessinateur dont les idées se concrétisent au fur et à mesure que le client exprime ses desiderata. Il s'agit en fait de notes et dessins sommaires réalisés au cours de la première réunion avec le client et qui serviront d'aide-mémoire.

à réaliser ainsi que leur qualité de finition. Vous pourrez, de cette façon, inclure dans vos frais, le temps passé et les dépenses matérielles occasionnées par vos dessins. Il est évidemment important que tous vos roughs soient présentés au client de manière professionnelle, attrayante et claire. Il doit avoir toute confiance en votre compétence et en votre créativité. N'oubliez pas qu'il vous paie pour vos idées.

■ **A gauche.** Ces croquis pour timbres-poste constituent la base de départ de dessins sur le thème du renouveau urbain. Le dessinateur a exploité une idée relativement simple, celle de choisir un certain nombre d'objets au hasard mais possédant toutefois un rapport avec le titre. Ils sont sobrement représentés au marqueur (à gauche et ci-dessous). Le client a cependant préféré combiner photos et dessins (à gauche ci-dessous et en bas). Il a finalement opté pour le modèle avec la photo à demi-dévoilée, idée que le graphiste avait préalablement concrétisée sur un petit croquis.

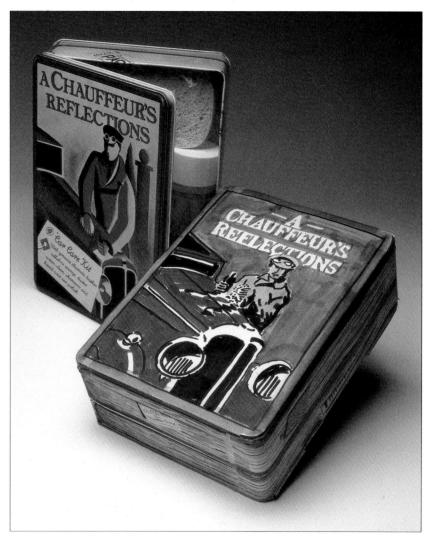

■ On a utilisé une boîte de
biscuits vide sur laquelle on a
collé l'image à l'aide d'un
adhésif de montage. Les
boîtes ont été dessinées pour
simuler la couverture et les
pages d'un livre. Pour
présenter ce projet, on s'est
servi de marqueurs et de
papier spécial pour feutre.

MAQUETTES SIMPLES

Une maquette simple est un dessin en trois
dimensions (par exemple pour une recherche de
packaging)*. Elle doit indiquer l'aspect général,
la couleur et le style du produit fini. Elle a la
même fonction que le rough et se présente comme
le concept initial du produit.

Il est nécessaire de réaliser une maquette
simple pour une première présentation seulement
s'il s'agit d'une étude en volume (comme pour
un emballage ou un présentoir). Lorsqu'on a
obtenu l'accord du client sur la proposition concernant la forme, l'échelle, les couleurs et l'aspect
visuel de l'objet, on produit généralement une
maquette finalisée*. Un rough* peut prêter à confusion surtout pour un client peu habitué à se servir d'images. En revanche, une maquette
reproduisant l'objet en trois dimensions permet
de mieux juger de son volume et de son aspect.

Il faut savoir qu'une maquette simple, équi-
valant à un rough préliminaire, n'est pas un
modèle élaboré ou fini comme en produisent les
architectes, les ingénieurs ou les dessinateurs
industriels ; dans le domaine des arts graphiques,
il faudra atteindre un stade plus avancé. Pour une
présentation initiale, la maquette n'est vraiment
pratique que si elle peut se fabriquer aisément
à partir de carton ou de plastique ou se découper à la forme désirée dans un matériau se travaillant facilement comme le polystyrène. Comme
pour les premiers roughs, on ne devrait ni passer trop de temps ni engager trop de frais dans
des réalisations qui ne sont que des projets sim-
plifiés (ou il faut alors tenir compte de ces facteurs dans le budget).

Pour que la maquette soit bien exécutée, elle
devrait se présenter dans les dimensions réelles
de l'objet ou être réduite en proportion tandis que
l'aspect extérieur peut être simplement une
approximation. La maquette offre l'avantage sur
le rough de permettre une évaluation plus juste
de la forme, des dimensions et du volume ainsi
que leur incidence sur l'illustration des surfaces.

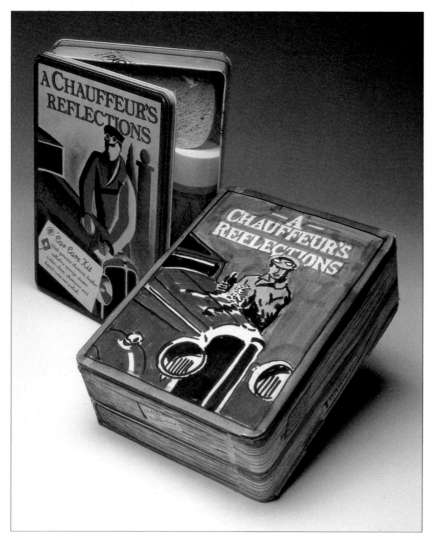

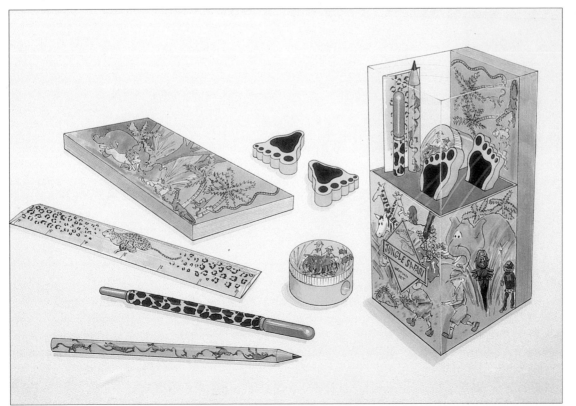

■ **Ci-dessus, à gauche.** En accord avec le client, le dessinateur a défini le thème du safari comme concept de base. La première esquisse pour cette boîte de fournitures de dessin a été travaillée à la plume et à l'encre de Chine. Les remarques du client ont été rajoutées pour compléter l'illustration réalisée au marqueur. Les couleurs du dessin s'harmonisent avec le thème choisi.

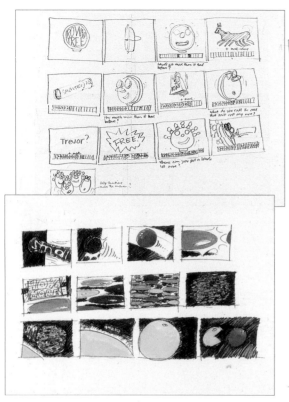

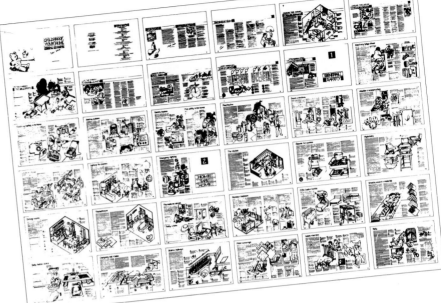

■ **Ci-dessous.** On s'est servi d'un stylo à pointe tubulaire (rapidographe)* pour illustrer cette planche d'un livre sur les mesures de sécurité à observer pour les enfants. Des lignes parallèles remplacent le texte. Une planche aussi détaillée n'est généralement réalisée que dans le cas où le client désire la présenter à ses collègues.

■ On peut utiliser des planches pour représenter des « storyboards »* de séquences télévisées, pour des livres ou des brochures. Un marqueur noir à pointe fine a servi pour l'illustration de cette planche de publicité pour bonbons. Des marqueurs de couleur ont permis de concrétiser une autre idée.

Il est fréquent, à ce stade, de faire des retouches ou des modifications car en passant de deux à trois dimensions on risque de changer la perception qu'on donne de l'objet.

PLANCHES

Chaque fois qu'une étude est entreprise pour une publication (brochure ou livre) on réalise une grille. Celle-ci a pour objet de guider la recherche page après page. Cette matrice servira à indiquer les dimensions ou format des pages, leur nombre, l'importance de la couleur ainsi que la quantité d'illustrations à prévoir et leur rapport avec le texte. Comme la plupart de ces questions ont été abordées au cours d'une première entrevue avec le client, vous indiquerez sur cette pre- mière planche les possibilités d'exploitation d'une idée dans les limites imposées. Au fond, on montre ce qui apparaîtra sur chaque page de la publi- cation. On le fait sommairement sur des pages à échelle réduite du début à la fin de la publica- tion en indiquant l'emplacement des illustrations par un cadre et celui du texte par des lignes. On doit aussi faire figurer la couverture, les premiè- res pages et les pages finales comme le glossaire et l'index.

Le sujet de la publication conditionne évi- demment la structure de la grille : il est donc conseillé de prendre connaissance du contenu du livre avant d'entreprendre le travail. Il faut aussi évaluer dans chaque chapitre, l'importance des textes et des illustrations. Bien qu'à ce stade le graphiste ne possède ni le texte réel ni les ima-

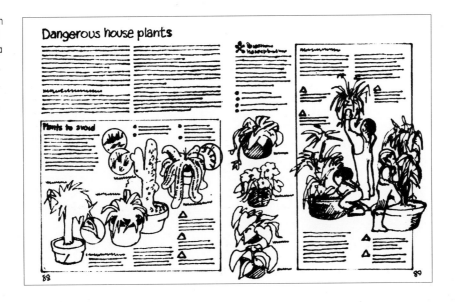

■ **A droite.** Cette illustration représente un protocole* qui permettra au client de voir la disposition et l'organisation des images et des textes prévus.

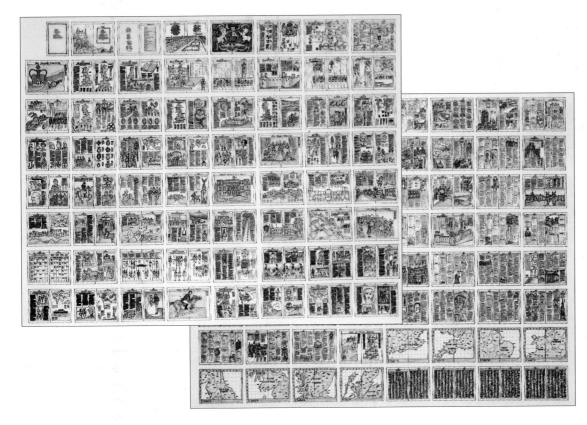

■ **A gauche.** Cette planche détaillée destinée à un atlas historique met en évidence le rôle primordial que peut jouer un visuel lorsqu'il s'agit de persuader l'éditeur. On s'est servi d'un stylo à plume tubulaire pour le texte et de crayons de couleur pour les illustrations.

ges, il doit cependant proposer sur son rough une répartition équilibrée entre ces deux éléments.

La version détaillée de la matrice ne sera réalisée que plus tard avec le texte et un style défini pour les illustrations. Le graphiste terminera alors la grille en indiquant plus précisément le rapport entre le texte et les images. On exécutera des versions détaillées de matrice lorsqu'il s'agit d'obtenir l'accord de commerciaux, par exemple, concernant des brochures ou des publications. Pour les livres c'est moins fréquent, cependant il peut arriver qu'un client ou un éditeur exigeant impose cette formule.

DIAGRAMMES*

Bien que les diagrammes fassent partie du répertoire de tout dessinateur, ils sont utilisés surtout par les architectes et les techniciens pour montrer comment les données se traduisent dans la forme qu'ils proposent. Ce choix est fonction de la nature du projet, du nombre de données ou d'instructions qu'on doit y incorporer. Parmi la variété de diagrammes, on trouve les coupes*, les vues partielles*, les décompositions, les vues éclatées* et les éléments d'information et d'illustration.

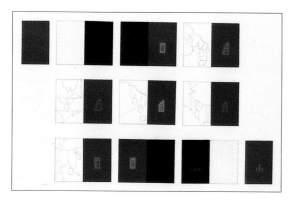

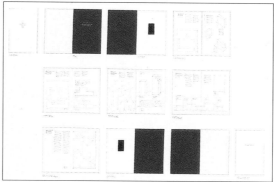

■ **A gauche.** On voit ici deux styles différents de protocole destiné à une brochure. Dans le premier (extrême gauche) le texte et les illustrations sont disposés sur des pages différentes. Dans le second, texte et illustrations sont placés sur la même page. Le choix du style revient au client.

■ **A gauche.** Ce dessin de T est destiné à un logo. Le dessinateur présente ses premières recherches graphiques. La solution préconisée sera finalement reportée sur le protocole.

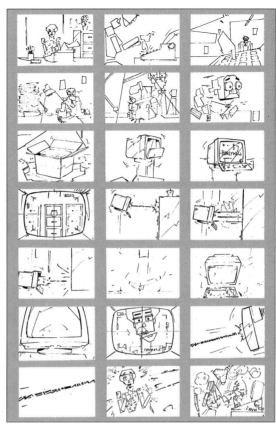

■ **A gauche.** Pour les spots publicitaires télévisés, il faut réaliser avec soin un storyboard*. Si l'on est seulement au stade des premiers roughs*, celui-ci doit en effet faire apparaître clairement la séquence des images. Quoique dessiné sommairement, ce storyboard* traduit bien les idées du dessinateur.

■ **Ci-dessus.** Pour un spot publicitaire télévisé sur les ordinateurs, le dessinateur a exploité avec humour l'esthétique propre aux images informatisées. Dans ce premier stade de recherche, il a sommairement réalisé en noir et blanc un storyboard* en y faisant figurer peu de détails.

Certaines de ces techniques se révèlent difficiles et longues, aussi serait-il absurde, pour une première présentation, de donner plus qu'une illustration sommaire de l'idée proposée. Des clients peuvent parfois avoir une certaine difficulté à interpréter des diagrammes, aussi faut-il les rendre très explicites même s'ils sont donnés sous une forme sommaire. S'il faut apporter des explications complémentaires, c'est la preuve que le message n'a pas été communiqué. Vous réaliserez une version plus détaillée seulement après avoir reçu l'accord du client. Comme tout diagramme exige la plus grande précision, il est bon de confier ce travail minutieux à un illustrateur spécialisé.

Lettres et caractères typographiques

La majorité des travaux de graphisme comporte des caractères typographiques et des lettres de différentes sortes si bien que tous les graphistes doivent avoir des connaissances en typographie. Comme la réussite en typographie dépend en grande partie du détail et de la précision des formes, il faut apporter un soin tout particulier à la réalisation de projets de ce genre.

Trop souvent le graphiste choisit la solution de facilité et utilise des caractères d'usage courant comme l'Univers* mais il néglige de chercher d'autres possibilités qui, peut-être, conviendraient mieux à un travail donné. Choisissez avec soin un caractère typographique : demandez-vous s'il est approprié pour le projet et s'il sera lisible, inscrit en négatif. Trouvez les raisons de votre choix et, éventuellement, exposez-les au client. Consultez les catalogues de fabricants de caractères typographiques avant de prendre une décision.

Évidemment c'est avec les caractères typographiques que vous donnerez à votre travail le meilleur aspect mais on ne les emploie, en général, que pour des projets à un stade avancé. Pour les autres, on se sert de lettres de transfert* ou de lettres tracées à la main. Les points importants à considérer sont : la lisibilité du type choisi et les conditions de la mise en page. Si vous êtes débutant, familiarisez-vous avec ces caractères avant de les utiliser sur vos visuels.

Si le débutant trouve trop décourageant de tracer à la main des caractères typographiques, il peut se servir du pochoir et d'autres moyens facilitant le travail. Marquez avec soin les lignes correspondant à la base et à la hauteur des minuscules et des majuscules. A l'aide d'un papier calque, copiez les caractères d'une page imprimée. Tracez-les d'abord au crayon, au besoin ajustez les espacements avant de les inscrire à l'encre noire ou de couleur sur vos projets à présenter.

DESSIN DE LA LETTRE

Le tracé manuel de lettres, c'est-à-dire l'élaboration des formes, est un art, selon certains, en voie de disparition. C'est en fait une opinion assez fausse car il est nécessaire à la construction des logotypes* et à la réalisation des titres qui, le plus souvent, ne peuvent être produits par des moyens mécaniques courants. Le concepteur confiera ce travail à un technicien expérimenté et lui indiquera à l'aide d'un rough*, le style de lettres qu'il désire. Ce genre de commande est onéreuse mais on doit y recourir pour l'exécution technique de nombreux projets.

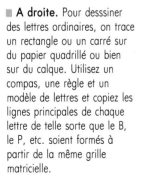

■ A droite. Pour desssiner des lettres ordinaires, on trace un rectangle ou un carré sur du papier quadrillé ou bien sur du calque. Utilisez un compas, une règle et un modèle de lettres et copiez les lignes principales de chaque lettre de telle sorte que le B, le P, etc. soient formés à partir de la même grille matricielle.

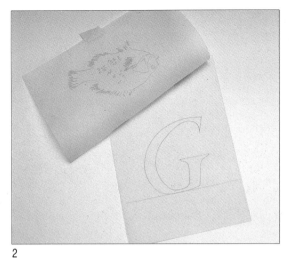

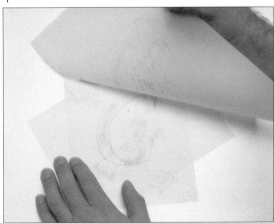

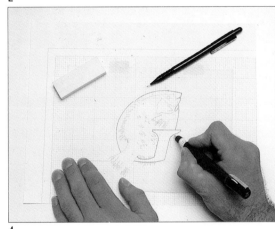

Création d'un sigle*. On peut modifier des lettres pour les incorporer dans un dessin.
1 Choisissez un caractère d'imprimerie, agrandissez la lettre jusqu'à l'échelle qui vous facilitera le plus le travail.
2 Agrandissez l'image qui doit être combinée avec la lettre puis assemblez les deux calques à l'aide de ruban adhésif.
3 Prenez un autre calque et recopiez dessus l'ensemble.
4 Enfin, après avoir positionné votre dessin sur du papier millimétré, vous pouvez rectifier, le cas échéant, les imperfections du tracé et les proportions, améliorer les jointures des courbes et des droites.
5 Ici la forme de la lettre est redessinée à l'encre à l'aide d'un stylo à pointe tubulaire. Pour les dessins de grande dimension on se sert de pinceau et d'encre de Chine.
6 Cet ensemble multiplié à la photocopieuse vous servira pour effectuer vos recherches de couleur et de matière.

1

2

3

4

5

6

A gauche. Ce sont des caractères et des dessins anciens qui ont inspiré le motif décorant ce sac de manière originale. En fait, on a fixé des photos de ces modèles anciens sur les planches pour montrer au client l'origine précise des caractères proposés.

A droite. On a réalisé le titre de cette jaquette de livre avec des lettres découpées afin de leur donner un maximum de relief. Les deux premières esquisses ont été exécutées au crayon de couleur et la version plus travaillée a été réalisée avec des produits de transfert. On a seulement modifié légèrement l'esquisse du centre pour obtenir la version définitive.

Ci-dessus. Ces simples croquis montrent la diversité des styles que l'on peut donner à une lettre, T par exemple.

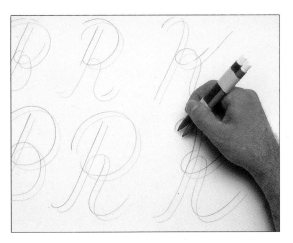

A gauche. Pour calligraphier, on peut utiliser un calque et recopier les lettres d'un catalogue en adaptant les styles à sa convenance. Ici, on a emprunté le jambage allongé du M à la lettre X du dessous.

A droite. Exercez-vous à la calligraphie : attachez deux crayons ensemble avec du ruban adhésif.

A gauche. On s'est servi d'un pinceau fin pour aquarelle ou d'un marqueur pour réaliser cette calligraphie. Travaillez par gestes larges et réguliers.

CALLIGRAPHIE ET ÉCRITURE CURSIVE*

Le mot « calligraphie » signifie belle écriture. La calligraphie est un savoir traditionnel qui s'apprend. Une grande variété de plumes spéciales permet d'obtenir divers effets. Comme pour le tracé manuel de lettres, la calligraphie est généralement confiée à un spécialiste.

L'écriture cursive*, par contre, peut traduire un style personnel avec toutefois un certain raffinement. Il est bon que le graphiste travaille son écriture pour la rendre attrayante ; elle est en fait le reflet de son style personnel.

On utilisera l'écriture cursive pour donner plus de mouvement et de vie à un dessin, lorsque des lettres d'aspect plus traditionnel ne conviendraient pas. Des architectes et des dessinateurs industriels insèrent souvent dans leurs plans une fine écriture tracée à l'aide de plumes spéciales mais les graphistes peuvent se servir d'un marqueur ou d'un feutre, de crayons de couleur ou de pastels pour inscrire sur les roughs à présenter des slogans ou des titres selon un style d'écriture personnalisée.

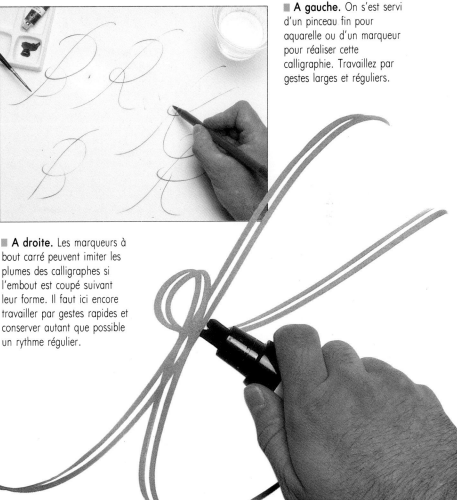

A droite. Les marqueurs à bout carré peuvent imiter les plumes des calligraphes si l'embout est coupé suivant leur forme. Il faut ici encore travailler par gestes rapides et conserver autant que possible un rythme régulier.

■ **A gauche.** On peut obtenir une illustration qui sort de l'ordinaire en combinant des caractères typographiques et la calligraphie.

■ **A droite.** Un fond uni mauve, des caractères d'imprimerie dorés et des lettres calligraphiées d'un rouge vif composent cette illustration présentée ici dans sa version définitive. Ce dessin a été traité par le procédé Color Key*, ce qui lui donne de la profondeur ainsi qu'une richesse de couleur rappelant les manuscrits enluminés.

■ **A gauche.** Les sous-titres ont été réalisés dans un caractère calligraphique relativement simple. Les lettres de cette esquisse ont été dessinées au crayon et l'intérieur coloré à la gouache.

PRINTING
IS ON THE SIDE
OF THE PEOPLE
WHO
STILL HAVE
THE COURAGE
TO SAY

I want to think about that

We have the privilege of turning back from the page... when we have found something debatable, in order to reconsider that point where the argument stained... and we can read ahead to the end, or far enough ahead to see what the discussion is driving towards... And the third privilege is... to challenge at any word or statement, for interrogation, mediation, verification, or any sort of delay or enquiry.

Beatrice Warde.

1 Choisir des caractères typographiques de style et de dimension appropriés. Si pour les titres, la grandeur des lettres varie, on doit choisir des types* qui existent en différentes graisses.

2 Écrire le titre le plus long sur une seule ligne. Une fois ceci fait, décidez s'il faut ou non le composer sur plusieurs lignes.

3 Dessinez la grille sur laquelle vous reporterez texte et titres.

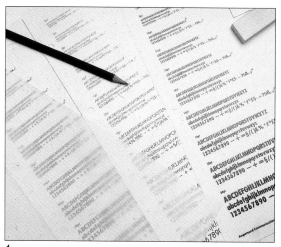

1

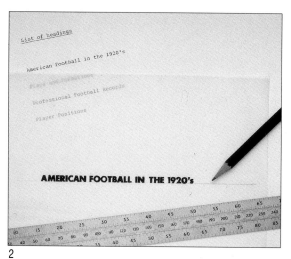

2

3

IMAGE DES TEXTES

Un texte peut être rendu selon différents modes. Tout dépend du stade de finition de votre travail et de la décision que vous prendrez de faire apparaître le texte réel ou d'en faire une simulation. Les moyens les plus simples d'indiquer un texte sont, soit des lignes continues parallèles , soit des lignes brisées. Une série de lignes parallèles donnent cependant une indication plus précise du texte imprimé car elles montrent la hauteur et la dimension des caractères choisis. Ces lignes tracées à l'aide d'une pointe fine permettent de montrer les arrêts dans le texte, en début et en fin de paragraphe. Elles ont un aspect net

et précis pour des projets avancés au cas où vous êtes dans l'impossibilité de reproduire le texte réel ou d'utiliser du texte neutre. Des lignes continues ou brisées conviennent parfaitement au stade des premières présentations mais peuvent aussi faire bon effet sur des projets plus avancés à cause de leur simplicité.

IMITATION DE CARACTÈRES GRECS

Lorsque le graphiste n'a aucune connaissance du texte à inclure, il fait souvent appel au texte neutre qui consiste en une représentation de lettres rappelant la forme des caractères grecs. Un texte de remplacement ou même un texte en latin peuvent quelquefois induire en erreur. Le texte neutre, par contre, simule un texte sans mots réels. C'est, en général, avec des caractères de petite dimension qu'on obtient les meilleurs résultats et, de plus, s'ils sont tracés d'une main sûre, ils ont un bel aspect.

Ce procédé peut également être utile lorsqu'il s'agit simplement d'indiquer l'emplacement d'un nom de marque.

LE CROQUIS-CALQUE*

Il y a diverses façons de représenter des titres et des têtes de lettres, etc. en montrant avec pré-

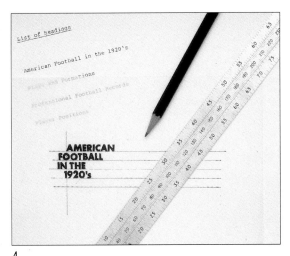

4

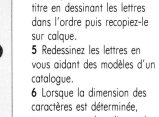

5

4 Composez sommairement le titre en dessinant les lettres dans l'ordre puis recopiez-le sur calque.

5 Redessinez les lettres en vous aidant des modèles d'un catalogue.

6 Lorsque la dimension des caractères est déterminée, tracez une ou deux lignes de la première partie du texte pour rendre claire la disposition globale.

7 Le reste du texte est indiqué par des lignes parallèles dont la distance représente la hauteur du caractère. Prévoyez les blancs et les renfoncements.

8 Calibrez, c'est-à-dire calculez le nombre de signes par ligne justifiée.

9 Continuez d'indiquer le reste du texte en traçant les lignes.

10 Pour reporter sur la maquette un long texte, photocopiez un texte imprimé d'un catalogue de caractères (body text) dans des catalogues de caractères.

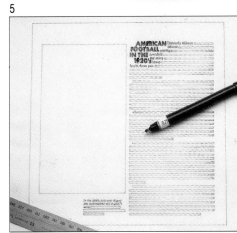

10

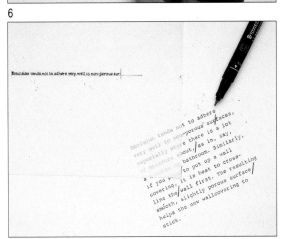

6

7

8

9

Ci-dessus. On peut indiquer l'emplacement prévu du texte imprimé par divers moyens, notamment par des lignes continues, des lignes brisées ou par du texte en latin (voir texte neutre)* afin d'éviter toute confusion.

A droite. Sur cette première version d'une publicité réalisée au marqueur, les titres sont présentés en caractères typographiques et le texte est indiqué par des lignes brisées.

Ci-dessus. Dans cette version relativement avancée du projet le texte est indiqué alternativement par des lignes parallèles, par des lignes brisées et par des mots écrits à la main avec un marqueur. Un lavis réalisé grâce à un marqueur de couleur claire donne plus d'authenticité aux images et permet de mieux les situer par rapport au texte. Bien que la version finale ait subi des modifications à la suite d'insertion de nouvelles illustrations, les parties comportant le texte n'ont pas été changées.

combinaison des photos et du texte que le dessin de cette brochure doit son effet. Pour la première présentation, on s'est servi des trois planches reproduites à droite. Des illustrations extraites de magazines sont placées en regard de deux styles différents de caractères typographiques indiqués au marqueur. Le texte est représenté par des lignes parallèles appuyées à gauche. Un blanc est prévu pour les capitales de début de paragraphe. Les légendes des illustrations sont également indiquées par des lignes parallèles et sont composées sur un axe symétrique. Dans l'exemple du bas, exclusivement composé de textes, on remarquera qu'un blanc* a été pareillement placé au début de chaque paragraphe.

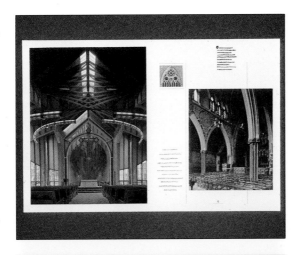

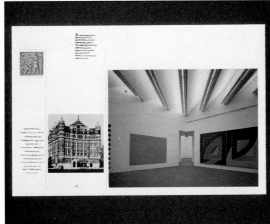

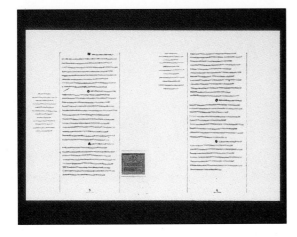

cision le type de lettre choisi. Le moyen le plus courant est le procédé de croquis-calque* : à l'aide d'un papier calque posé sur un texte imprimé on recopie chaque caractère. Un autre procédé consiste à tracer les lettres au crayon en cherchant l'espacement qui conviendra le mieux et en rendant le texte bien lisible. Il suffit ensuite de retracer les lettres au rapidographe* ou à l'encre de couleur pour les rendre nettes. Pour réussir ceci, il faut déjà avoir une certaine expérience dans le dessin des caractères typographiques.

On peut se servir d'un photocopieur pour agrandir ou réduire ces copies, ce qui est particulièrement utile pour les logos et les têtes de lettres. Si le photocopieur le permet, la copie peut être reproduite suivant différentes proportions, rapidement et à peu de frais. Les mêmes résultats peuvent être obtenus avec un banc de reproduction*, cependant cette méthode est plus longue et plus coûteuse.

LES PROCÉDÉS « TRANSFERT A SEC »

C'est un des moyens les plus fréquemment utilisés dans le monde entier, aussi bien par un graphiste débutant que par les studios, chaque fois qu'un travail comporte des textes. Il peut remplacer l'écriture à la main et offre une qualité semblable à celle du texte imprimé tout en étant d'un coût raisonnable. Il propose une gamme très variée de formes, de dimensions et de couleurs. Le système transfert instantané fournit aussi des textes fictifs particulièrement utiles pour la réalisation des maquettes finalisées de livres ou de magazines.

Les principaux fabricants de lettres de transfert produisent un assortiment complet de lettres de transfert instantané. Il existe plus de cinq cents modèles comprenant chacun une vingtaine de dimensions différentes. On trouve également divers styles comme l'alphabet grec, cyrillique (russe), arabe et hébreu et des chiffres.

Le principe du pochoir est très utile quant on veut travailler directement sur un projet car il permet de peindre l'intérieur de la lettre qui, de ce fait, paraît nette une fois la matrice enlevée. Il existe aussi d'autres éléments mis à la disposition des dessinateurs leur permettant de produire instantanément, par exemple, un bloc de texte, des symboles techniques ou architecturaux, une notation musicale, des coins ou des bordure décoratives, des lignes, des pointillés, etc.

La lettre de transfert représente l'image exacte de la lettre. Elle est imprimée sur film transparent et recouverte d'un produit adhésif spécial. On dispose la lettre à l'endroit choisi puis on exerce une pression à l'aide d'une spatule, d'un crayon ou d'un brunissoir* jusqu'à son transfert sur la feuille de papier. Pour faire des corrections, il suffit de détacher la lettre en se servant d'un morceau de scotch ou de ruban de masquage*. Certains fabricants de lettres de transfert incluent un système de repères qui permet d'obtenir un espacement équilibré entre les caractères mais un œil entraîné peut souvent obtenir un meilleur résultat. Le transfert de lettres instantanées doit se limiter aux textes courts. Toutefois, s'il permet d'éviter de dessiner les lettres, il ne faut pas en déduire que ce mode de réalisation des textes se pratique sans expérience. Il faut une pratique assidue et de la patience pour parvenir à un travail de qualité professionnelle, surtout s'il s'agit d'appliquer des lettres sur des surfaces délicates ou sur des volumes complexes.

Le procédé transfert est utilisé dans presque tous les secteurs où il faut représenter du texte et en particulier dans la publicité. Dans ce domaine, le besoin de nouveauté est tel qu'il a conduit à imaginer une série de caractères dont certains sont l'œuvre de typographes renommés. Comme pour la confection, il existe des modes qui sont reflétées dans les lettres dessinées, comme le style « art déco » maintenant dépassé ou celui

■ Application de lettres de transfert.

1 Esquissez sommairement le dessin et le texte sur un calque.

2 Après avoir fixé l'esquisse sur la maquette, glissez la planche de lettres de transfert entre l'esquisse et la maquette. Faites correspondre les lettres dessinées et les lettres de la planche de transfert.

3 Décalquez les lettres de la planche de transfert en frottant à l'aide d'un crayon tendre ou du bout arrondi d'un outil quelconque.

1

2

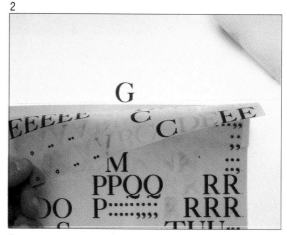

3

4

4 Une fois la lettre reportée, lissez-la délicatement après l'avoir recouverte de la feuille de protection. Assurez-vous que les coins et les bords adhèrent complètement.

5 Procédez de la même manière pour chacune des lettres dans l'ordre normal du mot et rectifiez les approches*.

6

5

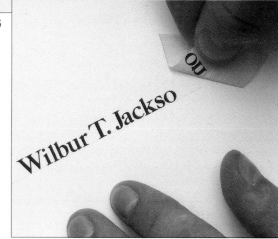

7

des années cinquante, en vogue aujourd'hui. Ces caractères sont particulièrement précieux pour le dessinateur auquel le client réclame un travail à la dernière mode. Quant aux modèles moins récents, ils sont aussi bien représentés sinon mieux. Les bestsellers des catalogues de fabricants de lettres de transfert sont, comme toujours, l'Univers*, le Futura, le Baskerville et le Bodoni, caractères qui perpétuent la qualité et le sérieux en typographie et restent d'usage courant pour le graphiste.

6 Effacez, si nécessaire, les éléments que vous ne souhaitez pas garder en les grattant avec une lame.

7 En cas d'erreur, décollez la lettre à supprimer avec un morceau de ruban adhésif, en ayant soin de l'essayer auparavant pour voir s'il n'abîmera pas la surface du papier. Si les lettres à retirer sont très petites ou si elles sont très rapprochées les unes des autres, protégez avec du papier les parties qui risqueraient d'être endommagées.

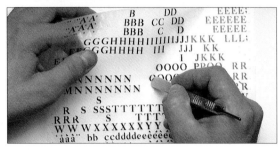

1 2

3

■ **Coloration des lettres de transfert.**
Pour traduire en couleur des lettres de transfert, on a besoin de produits adaptés au système lui-même.
1 Appliquez vos lettres sur une bande de papier.
2 et 3 Pulvérisez la couleur choisie sur toute la surface de la bande en tenant compte de l'intensité voulue.

LE PROCÉDÉ « COLOR KEY »*

Il permet la réalisation de transferts spécifiques. On l'utilise pour des maquettes soignées lorsque le projet comporte des écritures de forme et de taille variée et/ou incorpore des éléments décoratifs ou des textures qui ne sont pas proposés dans les catalogues de fabricants de systèmes transfert. L'image des lettres est proposée dans un certain nombre de couleurs et de tailles différentes. Les réalisations produites dans le système « color key » à partir de l'œuvre originale du dessinateur sont utilisées de la même façon que les planches de lettres vendues dans le commerce, l'ensemble reste assez coûteux mais c'est la seule façon de ne pas recourir aux services d'un spécialiste.

4

5

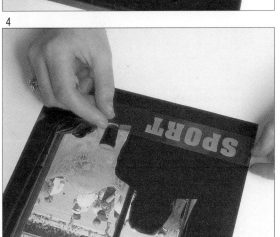

6

7

8

4 Lorsque la peinture est sèche, placez la bande de papier sur l'envers de la feuille transparente de transfert. Humectez totalement avec un tampon.

5 Retirez la feuille lorsque les lettres ont été transférées sur la bande de transfert.

6 Placez la bande avec les lettres colorées sur le lay-out*.

7 et 8 Avant d'enlever la bande, lissez une première fois puis frottez à nouveau pour vous assurer d'une bonne fixation des lettres.

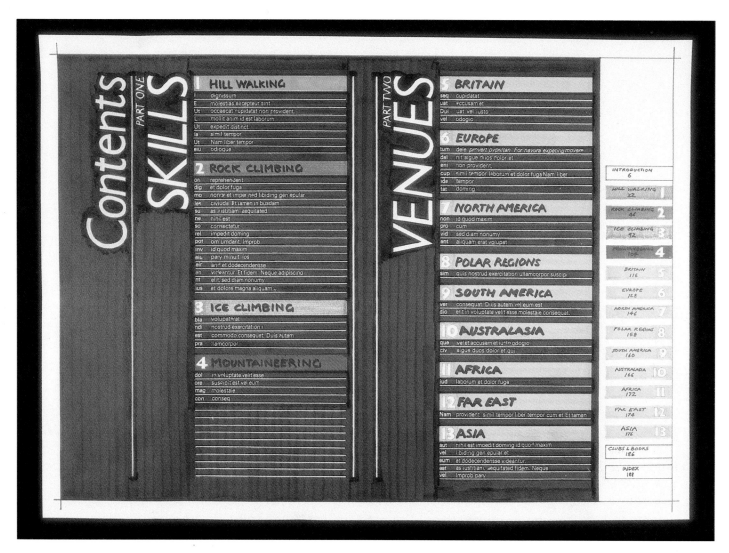

■ Ci-dessus. On s'est servi de lettres transfert blanches pour la maquette ci-dessus. Le fond a été réalisé au marqueur, les titres ont été dessinés à la main, l'ensemble formant une combinaison réussie de techniques diverses.

■ Réalisation des titres avec les lettres de transfert.
Les fabricants fournissent maintenant un système permettant de voir rapidement la disposition des mots.

1 et 2 Composez les mots ou les phrases à partir de la planche de lettres et appliquez-les sur une feuille spéciale (fournie dans le kit) de 50 mm × 210 mm qui reçoit des caractères dont la taille peut aller jusqu'au corps 72* (dans le cas des capitales).

1

2

3 Appliquez la feuille de transfert sur le film transparent, côté imprimé en dessous.

4 et 5 Passez le tampon humide sur la feuille de papier.

6 Les lettres ont été transférées sur la bande transparente.

7 Placez le titre à l'emplacement choisi.

8 Frottez normalement avant de retirer avec précaution le film transparent et pressez pour obtenir une bonne adhérence.

9 Le travail terminé.

3

4

5

6

7

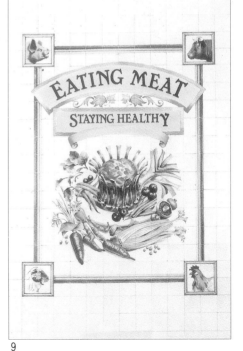

8

9

1

2

3

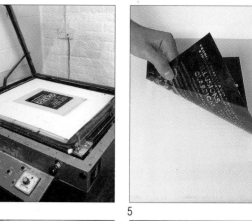

4

5

6

7

8

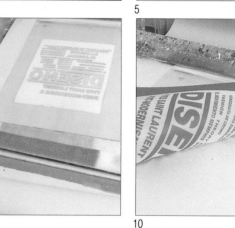

9

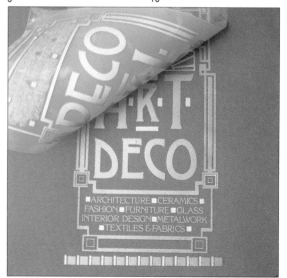

10

■ Il s'agit de convertir en négatif l'image qui va servir à la copie.

1 Appliquez une couche de couleur sur la feuille de support transfert de façon régulière.

2 et 3 Appliquez ensuite une couche de vernis spécial qui donnera plus de profondeur à la couleur puis une couche d'un produit sensible aux rayons ultra-violets.

4 Posez le négatif sur la feuille de transfert et placez le tout sur l'écran.

5 Après exposition, retirez le négatif.

6 et 7 Placez la feuille sur le support et appliquez un révélateur.

8 Séchez rapidement avec un séchoir à cheveux.

9 Recouvrez la feuille d'une pellicule de produit adhésif qui garantira à l'image une bonne adhérence.

10 Agrafez une feuille de papier spécial sur l'image pour la protéger en attendant son utilisation.

■ **A droite.** Ce dessin art déco a été obtenu à partir d'une feuille de transfert créée par le dessinateur. Pour décalquer une page entière comme celle-ci, il faut frotter avec soin du haut vers le bas.

■ **A gauche.** Pour réaliser la feuille de transfert permettant d'exécuter ce type de travail, on a d'abord reporté le dessin avec ses ombres. Cette illustration démontre bien la finesse des détails que l'on peut obtenir par les feuilles de transfert.

■ **Ci-dessus.** Grâce aux feuilles de transfert on dispose d'un moyen simple et rapide de reporter sur une boîte un dessin servant de fond. Ajoutez les éléments de transfert et les autres illustrations choisies sur les côtés de la boîte avant de lui donner son volume.

COMPOSITION DES TEXTES

Il y a deux techniques principales de composition : la composition manuelle* et la photocomposition*. Le procédé manuel, traditionnel, trop rigide, a fait place à la photocomposition que tous les dessinateurs utilisent aujourd'hui pour la composition des textes et des présentations finales. Son principal avantage est sa souplesse d'utilisation et la facilité des contrôles. On règle l'espacement de chaque lettre par fraction de millimètre et la présentation peut varier à l'infini (penchée à droite ou à gauche, superposée ou déformée, positionnée en fonction de l'inspiration du graphiste). On peut obtenir des caractères de toute taille et la variété des types disponibles est si grande qu'il est recommandé de consulter les catalogues des divers fabricants. L'ordinateur, les systèmes électroniques et la photocomposition ont rendu la réalisation des textes très rapide. Bien que ce procédé soit onéreux, il a l'avantage d'être directement utilisable pour la reproduction imprimée.

POCHOIR, CARACTÈRE PEINT ET DÉCOUPAGE

Le pochoir est un moyen pratique de tracer des lettres surtout pour le débutant qui ne se sent

■ **A gauche.** Les caractères typographiques apparaissent avec plus de netteté lorsqu'ils sont agrandis. Ils offrent de vastes possibilités pour l'espacement entre les lettres et le nombre de signes contenus sur une ligne. On peut aussi obtenir toute une gamme de distorsions sur des caractères de types divers.

ABCDEFGHIJKLMNOPQRSTUVWXYZ

pas assez sûr pour les dessiner à main levée. Les pochoirs en plastique transparent sont les plus commodes parce qu'ils permettent de surveiller le travail et de contrôler l'espacement. On doit d'abord utiliser le crayon et lorsque le résultat est satisfaisant, on trace la lettre à l'encre. Avec les pochoirs en métal il faut se servir d'un pinceau trempé dans l'encre ou la peinture. Pour qu'une lettre ait un contour net on la tracera au marqueur à pointe fine et ensuite on peindra à l'intérieur du contour. Un grand nombre de signes utilisés par les architectes et les dessinateurs peuvent aussi se faire au pochoir. Moins coûteux que le procédé transfert, le pochoir offre une alternative intéressante.

La lettre peinte est couramment utilisée pour les dessins de logos présentant des difficultés. La lettre est peinte à l'envers à la gouache ou à l'encre de couleur au dos d'une feuille d'acétate, puis elle est reportée sur l'image. On peut aussi découper une lettre dans du papier doré, argenté, de couleur variée ou dans diverses matières. C'est une manière simple de créer des lettres originales et qui produiront de l'effet.

■ **A gauche.** Une lettre exécutée au pochoir manque généralement de fini une fois agrandie, à moins d'être retouchée à la main. Ce procédé peut servir lors de versions préliminaires lorsque la dépense doit être réduite. Néanmoins pour des présentations ultérieures les lettres seront exécutées avec plus de soin.

TEXTE TAPÉ A LA MACHINE

On utilise fréquemment un texte tapé à la machine pour accompagner les représentations de matériel de bureau (à l'exemple des brochures et circulaires). Les machines électriques offrent une variété de caractères interchangeables, à épaisseur variable, droits ou en italique. Comme dans la photocomposition, le texte tapé peut être agrandi ou réduit selon les besoins. On se sert de la machine aussi bien pour le texte que pour les titres et la plupart des manuels et des circulaires d'entreprise comportent des textes tapés. Avec de l'imagination, le graphiste peut utiliser les diverses possibilités offertes par la machine à écrire, en particulier s'il veut garder une certaine simplicité. Cependant l'emploi de la machine à écrire reste limité.

```
Culi fugitant uitantque tueni;
contra si tendere pergas propte
et alte aera per purum grauiter
feriunt oculos turbantia composi
splendor quicumque est acer ad
ideo quod semina possidet ignis
```

```
Culi fugitant uitantque tueri;
contra si tendere pergas propter
ipsius, et alte aera per purum g
feruntur, et feriunt oculos turba
Praeterea splendor quicumque est
oculos, ideo quod semina possidet
```

```
Culi   fugitant   uita
tueri;   sol   etiam   c
contra   si   tendere
propterea   quia   uis
ipsius,   et   alte   ae
purum   grauiter   sim
feruntur,   et   feriu
```

IMPRIMANTE A SPHÈRE

Ce système est tout particulièrement conçu pour taper un texte à reproduire sans entraîner de grands frais. Il s'agit essentiellement d'une machine électrique sophistiquée à têtes interchangeables produisant des types de lettres variés. Le texte peut être justifié ou non ; le choix des caractères n'est pas particulièrement étendu et les résultats sont variables. Le rendement n'est jamais aussi bon qu'avec la composition traditionnelle mais pour un projet à présenter ce système peut donner un résultat satisfaisant.

■ Les caractères dactylographiés perdent de leur netteté lors d'un agrandissement. La plupart des machines à écrire permettent d'obtenir des espacements variés entre les lettres et les mots.

ABCDEFGHIJKLMNOPQRSTUVWXYZ

IMPRESSION AU LASER

Cette nouvelle technique révolutionnaire apporte un sérieux défi au procédé traditionnel de composition. L'imprimante au laser produit des textes de très grande qualité, pratiquement impossibles à distinguer de ceux réalisés en photocomposition à moins de les examiner très minutieusement. Il existe un grand choix de caractères sur disque (leur taille pouvant aller jusqu'à 120 points) et il n'y a rien qui soit réalisé en photocomposition que l'imprimante au laser ne puisse produire. Elle ouvre au graphiste un champ de possibilités fascinantes : il peut créer de multiples effets en déformant les lettres, en les penchant à droite ou à gauche ou en imprimant en biais par exemple. Toutes les agences ne possèdent évidemment pas un matériel aussi sophistiqué permettant de composer le layout sur l'écran et de l'imprimer aussitôt (les logiciels compatibles présentent le même avantage). Certains équipements de pointe peuvent même reproduire un texte dans différentes couleurs et sur des films spéciaux destinés à la rétroprojection. Des sociétés indépendantes, en nombre croissant, permettent de réduire notablement le budget et offrent de surcroît des possibilités que le graphiste aurait tort de négliger.

■ **A droite.** L'imprimante au laser (composition sur ordinateur) ne permet pas d'agrandir avec la qualité de la photocomposition, mais il existe une grande variété de caractères et, comme on peut le voir ici, l'espacement entre les lettres et les mots peut varier. On peut également faire des distorsions de caractères avec l'impression laser.

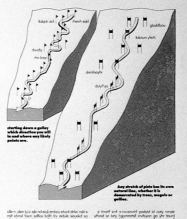

A gauche. Pour ce projet finalisé, on a photocopié le texte qui est accompagné d'illustrations et de photos. Pour un projet final comme celui-ci, on doit présenter le texte et les titres réels car le client veut voir la mise en page complète.

A droite. Le texte inclus dans ce projet a été tapé à la machine, ce qui, en dépit d'une qualité inférieure à celle du texte imprimé, sera suffisant pour une présentation.

A droite. L'élément le plus important de ce projet de brochure est le texte. Il a d'abord été imprimé puis photocopié. Ensuite on a ajouté les illustrations c'est-à-dire l'image et les traits de marqueur rouge qui soulignent le titre. Un fond de couleur sommairement réalisé au marqueur complète le visuel.

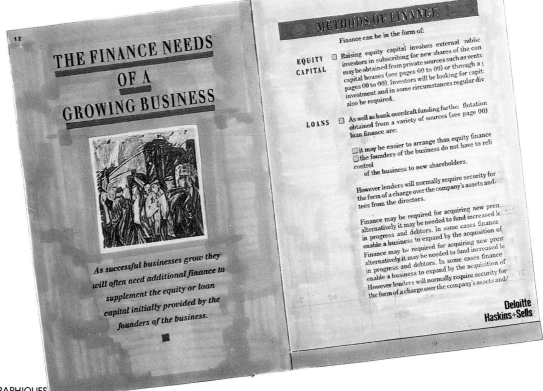

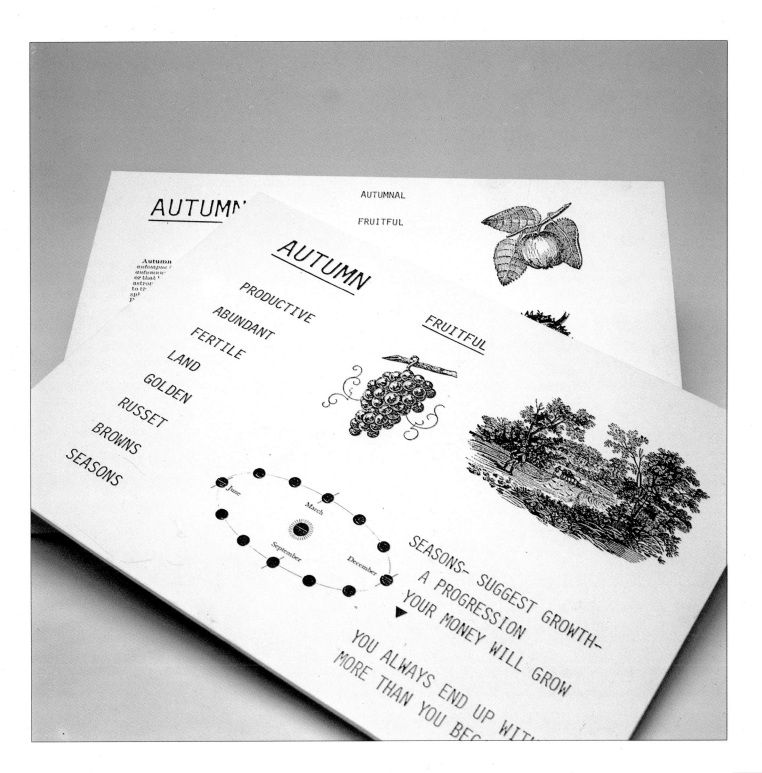

Dessin et illustration

Dans le domaine des Arts graphiques, sans être un dessinateur de premier ordre, on peut réaliser des projets soignés et efficaces. Il est cependant essentiel d'avoir une bonne connaissance des matériaux utilisés, des styles et des techniques et d'acquérir une habileté à communiquer rapidement et clairement ses idées à l'aide de divers moyens visuels.

Afin de vous tenir au courant des styles, des artistes et des tendances actuelles, vous pouvez vous constituer une documentation provenant de magazines, de journaux et de catalogues d'achats par correspondance qui, éventuellement, peuvent vous servir lors d'entrevues avec des artistes et

au besoin au cours des présentations. Certains dessinateurs, peu sûrs de leur style quand il s'agit de dessins à main levée, recopient des personnages et des objets sur les maquettes de présentation, précisant ainsi le style ou la composition de l'illustration.

Sur le rough à présenter, faites un dessin aussi sobre que possible, suffisant néanmoins pour donner une idée du contenu et du style dans l'esprit de l'illustration finale.

Pour trouver un illustrateur, on a intérêt à s'adresser à une agence ou à consulter l'annuaire des illustrateurs. Lorsque vous aurez trouvé l'illustrateur qui vous convient, vous devez être

A gauche. Ces premières esquisses au crayon montrent comment le dessinateur a exploité le thème des bouteilles de vin et des verres. La composition du centre a été retenue et elle sera retravaillée pour être présentée au client.

précis au sujet du travail que vous lui demanderez. Si vous avez produit des roughs vous-même, utilisez-les comme base de discussion. Indiquez-lui le style choisi, les couleurs à employer de préférence, les dimensions du travail qu'il doit réaliser (généralement une fois et demie ou deux fois plus grand), le support d'impression, le budget et les délais qui lui sont accordés. Assurez-vous que l'illustrateur vous soumette des propositions suffisamment précises et qu'il ne réalise le dessin final qu'une fois votre accord donné.

LE DESSIN D'ILLUSTRATION

Lorsque le graphiste prépare ses premiers visuels* (correspondant à une ou plusieurs pages illustrées), il esquisse d'abord les dessins et indique l'emplacement du texte. On se sert généralement de marqueurs en fibre ou à pointe feutre, quoiqu'il existe d'autres techniques valables. Pour des esquisses plus élaborées, il convient parfois d'intégrer des photographies ou les premiers roughs de l'illustrateur (soit sur la même feuille soit séparément). L'ensemble est alors monté avec les textes prévus sur le lay-out*. Si le rough est approuvé, l'illustrateur pourra alors travailler sur la version finale du dessin. En général, le graphiste peut utiliser l'illustration de deux manières : la première permet de visualiser une idée ou de suggérer la composition d'une illustration qui sera incorporée à l'ensemble final, la seconde précède la réalisation effective du travail et permet d'avoir une idée de la technique d'illustration ou de photographie du projet final.

CIDER WITH ROSIE

e glen the track from the village
nded at a pair of wide gates. These
s of access to the castle, which
h granite walls. To the rear Bond
nore like a great Gothic-style heap,
and turrets.

main door—a wide structure with
s set in the midst of large formal
t produced a half-sinister, half-
ard, Bond could just make out the
er of a marquee. For tomorrow's

to the car, drive back and present
hen he realized, too late, that he

the craft of professional hunters,
ke spirits of the night. But these
eir leader who now loomed huge
tle, eh?" the giant accused him in a

l began, raising a hand to remove
ed, so two hands, the size of large
and lifted him bodily into the air.
?" the giant said.

quietly with anybody. He brought
big man on the forward part of his
d let go of Bond. A trickle of blood
ils. "I'll kill ye for—"
m behind them. "Caber? Hamish?

slight nasal twang of Mary-Jane
l. "You remember, Miss Mashkin.

ou doing here?" She peered at the
you, Caber?"
ie neb," he muttered surlily.

145

MÉTHODE RAPIDE
DE VISUALISATION D'UNE IMAGE

Le crayon traditionnel en bois et graphite est le premier outil dont se sert le dessinateur pour concrétiser ses idées. Ce crayon peut avoir des mines plus ou moins dures (gradation allant du 4 H, très dur, comme au 4 B, très tendre). Le HB est sans doute celui qui convient le mieux pour faire des croquis rapides sur le lay-out. Les mines très tendres et très dures sont utilisées, seules ou en combinaison, par les illustrateurs et dessinateurs professionnels pour créer divers effets. Le choix de la mine est déterminé par le support : les crayons tendres convenant mieux à des papiers à grain et les crayons durs à des surfaces lisses. Le dessinateur, s'il le désire, peut au crayon produire des effets d'ombre et imiter diverses textures en utilisant des points, des lignes ou des hachures. D'une manière générale, le graphiste se sert d'un crayon pour ses premières esquisses ou ses croquis de base. Ceux-ci sont utilisés en principe pour les premiers roughs présentés au client. Ils sont ensuite travaillés en couleur par le dessinateur. Jusqu'à récemment, on employait surtout le crayon à mine de graphite mais actuellement on lui préfère les marqueurs en fibre ou en feutre qui offrent des possibilités similaires, en noir et en couleur.

DESSIN RAPIDE EN COULEUR

Comme on l'a vu, les graphistes se servent surtout de marqueurs pour le dessin et la couleur aussi bien pour des croquis que pour les différentes recherches jusqu'à la réalisation finale. Ceci s'explique par leur commodité en comparaison d'autres techniques telles que l'aquarelle ou la gouache : ils sont d'un emploi rapide, n'exigent ni recharge ni mélange et sont fabriqués avec des pointes variables.

Les principaux fabricants de marqueurs de couleur offrent, pour des marqueurs à pointes larges et à pointes fines, plus de deux cents couleurs qui peuvent être assorties aux papiers de couleur et être utilisées sur les plastiques de protection. De plus, ils sont conformes aux encres d'imprimerie, assurant ainsi une qualité régulière aux couleurs à chaque stade du dessin depuis le rough jusqu'à la version imprimée. Il existe aussi une série de gris, froids et chauds, (gradués de 10 en 10 %) utilisables pour des dessins d'un seul ton et pour les ombres. Les pointes des marqueurs sont en feutre ou en fibre ; le feutre qui s'use moins rapidement est généralement utilisé pour des traits moyens et larges, la fibre pour des traits moyens et fins, nécessaires à un dessin détaillé. Les bouts ont des formes variées, rondes, carrées ou biseautées (produisant aussi bien un trait large qu'une ligne fine) et coniques (produisant un trait aux bords arrondis). Les marqueurs contiennent de l'encre à base d'eau ou à base de solvant. Ces derniers ont des couleurs qui tiennent mieux ; ils se mélangent bien mais ont tendance à couler sur le papier ordinaire, à le gondoler ou à donner un aspect taché au dessin. Pour cette raison, il est recommandé d'utiliser un papier spécial marqueur. Par contre, les marqueurs à base d'eau ne coulent pas. Si on le désire, on peut appliquer plusieurs couleurs afin de produire des effets variés. Les marqueurs à base de solvant, dont les graphistes professionnels font largement usage, existent en plus de cent couleurs ; c'est le mar-

■ Ci-dessus. L'utilisation du marqueur est tout aussi rapide qu'agréable. Les contours ont été tracés d'abord au crayon puis repassés au marqueur noir. On a ensuite ajouté la couleur en larges taches puis écrit à la main le logo et les titres.

1

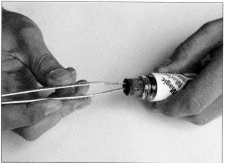

2

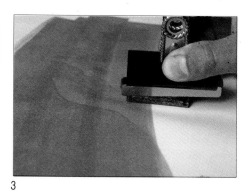

3

queur idéal pour les travaux de présentation. Mais ces marqueurs sont chers et leur pointe sèche s'ils restent débouchés trop longtemps.

Quoiqu'il soit rarement utilisé par l'illustrateur pour la finalisation du dessin, le marqueur est un outil utile et agréable qui convient aux roughs, donnant une idée du style de l'illustration, des photographies ou montrant des grilles de mise en page. De par sa nature, le marqueur est fait pour être utilisé dans la rapidité. Il est idéal pour les premières présentations quand le concept/image doit être communiqué de façon simple et efficace. A ce stade, le dessin n'est pas encore vraiment fixé, aussi le croquis au marqueur doit-il être assez vague pour que les personnes intéressées puissent en compléter ou modifier l'aspect.

FINALISATION DES ROUGHS*

On peut aussi utiliser le marqueur pour l'exécution d'un rough préalablement approuvé. Pour donner à une image un aspect professionnel, l'artiste doit avoir une bonne connaissance des méthodes d'emploi du marqueur et posséder une certaine compétence qui, tout en n'étant pas difficile à acquérir, demande de l'expérience et de la pratique. Le débutant n'aura pas trop de problèmes à se servir du marqueur pour les traits simples, les contours et les remplissages en aplat. En revanche, il rencontrera probablement des difficultés pour la finition de dessins comportant des

■ **Aplats réalisés au marqueur.**
1 Coupez le haut du marqueur au scalpel.
2 Avec des pinces à épiler, retirez le feutre imbibé d'encre.
3 Vous pouvez alors utiliser ce feutre pour colorer des fonds de large surface unie sans traces de pinceau.

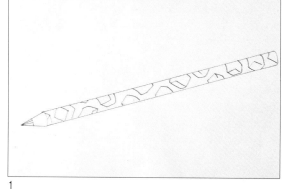

1

2

3

4

■ **Utilisation du marqueur pour représenter des volumes.**
Il s'agissait dans ce cas d'exécuter un dessin d'aspect

réaliste pour une boîte contenant du matériel de dessin. Le dessinateur a choisi comme thème le casino. La boîte qui contient des crayons,

des dés, etc. a la forme de la manche de veste et des gants de croupier.

1 Les contours sont d'abord tracés au crayon noir.

2 et 3 On colorie le fond sommairement au marqueur.

4 Les bords sont précisés au marqueur à pointe fine. Les fonds sont toujours faits avant les détails et les lumières. Laissez sécher entre les applications.

5 Les dés sont d'abord dessinés au crayon.

6 et 7 Ils sont ensuite colorés au marqueur.

8 A l'aide d'un pochoir et d'un marqueur à pointe fine, on dessine soigneusement les points noirs.

9 et 10 On utilise de la gouache blanche pour ajouter les lumières et du gris pour créer l'illusion de volume avec les ombres.

11 L'esquisse finale comporte tous les éléments du projet. Celui-ci peut alors être réalisé.

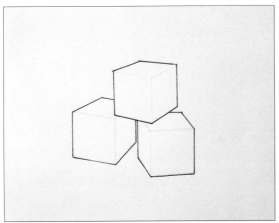

5

6

7

8

9

10

nuances. Le marqueur peut être une méthode adaptée aux réalisations finales à condition d'être accompagnée d'autres techniques ; les lignes fines et les détails doivent être faits à la plume, au crayon de couleur, au pinceau, etc. On parvient ainsi à obtenir un aspect approchant celui de la photographie.

CONSEILS POUR L'EMPLOI DE MARQUEURS

● Il est possible de réaliser des aplats*, de teinte homogène, en se servant de la cartouche en feutre du marqueur après l'avoir retirée de l'étui.

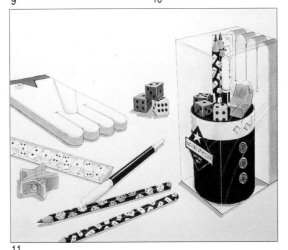

11

■ **Comment simuler un style d'illustration au marqueur.** Les marqueurs permettent d'obtenir des roughs de présentation d'un haut degré de finition comme le montre le dessin de cassette ci-contre.

1 Les contours de la cassette sont soigneusement tracés à l'aide d'un outil de traçage et d'un marqueur à pointe fine.

2 et 3 Avec le même marqueur noir on ajoute les détails en se servant d'une règle et d'un « perroquet »* ou au besoin à main levée.

4 Après avoir complété le dessin de base, on peut appliquer la couleur.

5 et 6 Avec un marqueur à pointe assez épaisse, on ajoute les ombres par touches. Un coton imbibé de solvant permet d'étaler uniformément la couleur.

7 et 8 L'encre, une fois sèche, on repasse une autre couche.

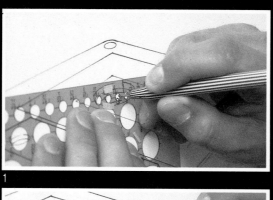

1

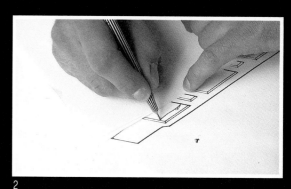

2

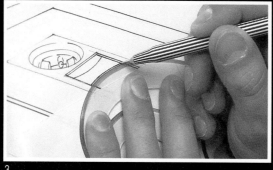

3

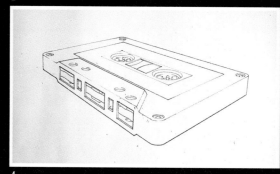

4

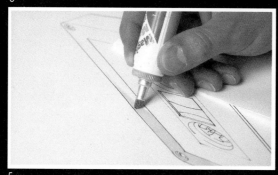

5

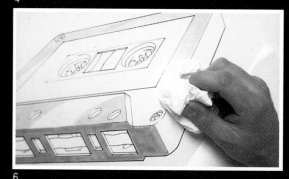

6

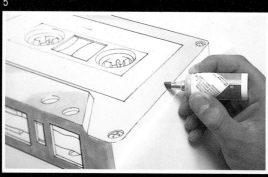

7

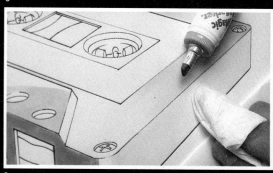

8

9 et 10 Les ombres et les lumières sont rajoutées avant les tons bruns correspondant à la couleur de la bande.

11 A ce stade-là on utilise un marqueur jaune à pointe large pour remplir le reste de la surface à colorier.

12 Pour atténuer les traits trop appuyés du marqueur noir et faire ressortir le gris luisant de la boîte, on passe de la peinture blanche pour ne laisser subsister qu'un léger contour.

13 Il ne reste maintenant qu'à rajouter les divers détails et a disposer les lumières.

14 Comme on le voit ici, un crayon blanc permet d'éclairer certaines surfaces.

15 et 16 Le dessinateur a posé les touches finales, par exemple la lettre A et l'ombre de la boîte qui fait ressortir la cassette.

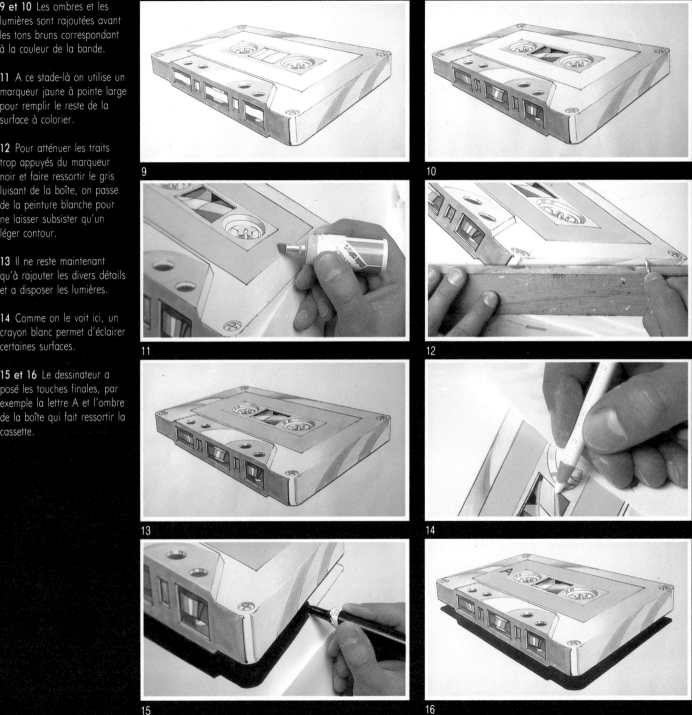

9

10

11

12

13

14

15

16

A droite. En plus de l'éclat des couleurs, les marqueurs donnent au dessin une certaine spontanéité enfantine. Néanmoins, ombres et lumières sont bien présentes.

Ci-dessous. Ce rough témoigne du degré de finition auquel on peut parvenir avec les marqueurs. Les contours des lettres calligraphiées du paquet de cigarettes ont d'abord été tracés pour être ensuite colorés. On remarquera les tons et les ombres qui apparaissent sur les doigts.

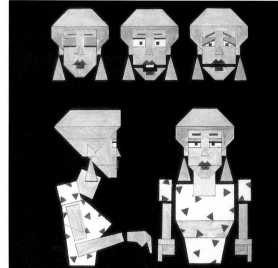

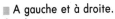

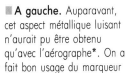

■ **A gauche.** Auparavant, cet aspect métallique luisant n'aurait pu être obtenu qu'avec l'aérographe*. On a fait bon usage du marqueur dont le tracé linéaire permet de donner une impression de vitesse ainsi que de disposer ombres et lumières.

■ **A gauche et à droite.** Ces dessins au marqueur composés de formes géométriques rappellent les images conçues par ordinateur. Une fois les formes dessinées, il est relativement facile d'achever le travail à l'aide de marqueurs. Ceux-ci sont en effet tout à fait appropriés pour colorier ces images et en atténuer les effets caricaturaux.

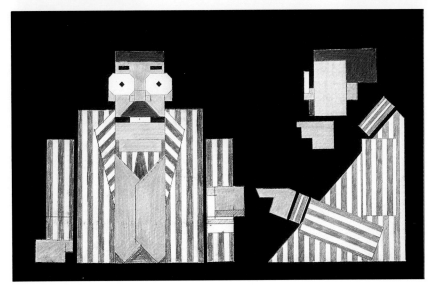

■ **Ci-dessus.** Les contours de ce dessin qui paraît simple au premier abord ont été tracés au marqueur noir et les ombres ont ensuite été rajoutées en grisé. Cet exemple montre comment un dessinateur expérimenté peut, en quelques traits tracés d'une main sûre à l'aide d'un marqueur, créer des images dans le style des bandes dessinées.

YOU CAN TASTE THE HOPS IN BEN TRUMAN

• Utilisez des marqueurs à base de solvant et associez-les à des encres solubles dans l'eau pour dessiner à la plume et colorier au marqueur. Celui-ci ne fait ni couler ni déteindre les traits à l'encre.

• Prolongez la durée de vos marqueurs en les gardant dans des boîtes en plastique comme celles qui sont utilisées pour conserver la nourriture : cela retardera l'évaporation de l'encre qui se produit même s'ils sont rebouchés.

• Faites votre propre nuancier, montrant les variations qu'on peut obtenir avec les marqueurs suivant les qualités de papier (papiers spéciaux pour marqueurs ou non, etc.).

• Souvenez-vous que certaines couleurs peuvent se combiner avec les gris qu'elles réchauffent, pour créer des ombres par exemple.

DÉFINITION DU STYLE DE L'ILLUSTRATION

Adopter un style d'illustration en vue d'une présentation n'est pas chose facile mais c'est une

■ **Ci-dessus.** Tous les contours ont été tracés avec des marqueurs à pointe fine. On a ensuite introduit les couleurs de base et travaillé le détail. L'encre du marqueur a permis d'obtenir cette impression de douceur parfaitement appropriée à ce tableau rustique.

■ **A droite.** Dans ce dessin de mode réalisé au marqueur, l'utilisation que l'on a fait des ombres et des lumières donne une idée de la teinte et de la texture du tissu.

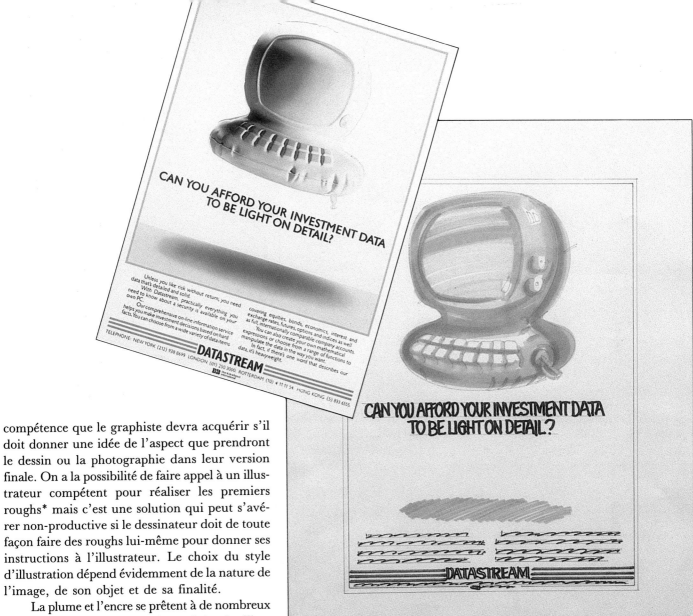

compétence que le graphiste devra acquérir s'il doit donner une idée de l'aspect que prendront le dessin ou la photographie dans leur version finale. On a la possibilité de faire appel à un illustrateur compétent pour réaliser les premiers roughs* mais c'est une solution qui peut s'avérer non-productive si le dessinateur doit de toute façon faire des roughs lui-même pour donner ses instructions à l'illustrateur. Le choix du style d'illustration dépend évidemment de la nature de l'image, de son objet et de sa finalité.

La plume et l'encre se prêtent à de nombreux usages car elles permettent de produire des illustrations au trait ou rendre des textures et des tons variés. On les utilise traditionnellement pour les caricatures, les dessins d'architecture, les illustrations monochromes, les planches anatomiques et les dessins de mode. L'encre peut s'employer seule ou diluée avec de l'eau (lavis). Les stylos à pointe tubulaire (type rapidographe*) avec cartouche ont des pointes interchangeables dont le calibre varie de 0,12 mm à 2,00 mm. Pour ce

■ **Ci-dessus.** L'esquisse présentée pour ce projet a été exécutée au marqueur de couleur à pointe fine pour les titres et les lignes figurant le texte. Peu de modifications ont été apportées pour la version finale.

Ci-dessus. L'utilisation de la plume et de l'encre permet de nombreux effets. Les hachures grossières (1) et les hachures à main levée permettent d'obtenir des effets frappants tandis que les contre-hachures dans un coin (2) intensifient localement certaines valeurs. Une surface presque complètement encrée reproduira une texture dense (3) et des lignes en pointillé (4) rendront un fond teinté ou une texture. Pour faire des lignes brouillées, il faut tracer des traits sur un papier humide de façon à faire couler l'encre (5). Des lignes tracées dans différentes directions (6) peuvent donner une apparence de profondeur. Des hachures parallèles ou croisées (7) peuvent intensifier les valeurs. Des « pattes de mouches » (8) atténuent l'effet des contre-hachures. Les pointillés (10) indiquent ombres ou textures.

A gauche. L'esquisse exécutée par le directeur artistique indique le thème de base et le style du dessin. Après consultation, le dessinateur a resserré la composition de façon à mettre l'accent sur la couronne et il a ajouté un château et son entrée dans le fond. Finalement, avec une grande compétence technique, il a produit une illustration beaucoup plus expressive.

1

2

3

4

■ **Simulation de style d'illustration.** Il s'agissait ici de réaliser un dessin publicitaire pour une compagnie spécialisée dans l'assurance des œuvres d'art. Pour cette commande, le dessinateur a choisi de dessiner un tableau de maître à l'encre et à la plume.

1 Le tableau ainsi que son cadre sont copiés sur papier calque à la plume et à l'encre.

2 L'esquisse est réduite grâce à la photocopieuse. On cache en même temps une partie de l'image pour ne laisser apparaître que le buste. L'eau est alors dessinée en touches simples et régulières. Le dessin est entièrement retouché pour faire disparaître toute marque d'encre ainsi que tout défaut.

3 Après réduction, le fond du dessin le plus petit paraît surchargé. On l'éliminera donc à la peinture blanche. Sur le dessin de taille intermédiaire, on simplifiera le fond, mais on agrandira la surface de l'eau. Enfin, on ajoutera des hachures de chaque côté du cadre.

4 Sur l'esquisse du plus petit des modèles, l'image et le texte sont harmonieusement combinés.

type de stylo on trouve des encres de toutes les couleurs. On recommande aux débutants de prendre des pointes de 0,2 mm, 0,4 mm et 0,6 mm. Rappelez-vous aussi que la surface du papier doit être assez lisse et régulière et qu'elle ne doit pas être trop poreuse. Les premiers roughs doivent être aussi simples que possible car ils ont à transmettre une idée plutôt que le style de l'illustration lui-même. Celui-ci devra être travaillé ultérieurement par l'illustrateur. Si vous êtes débutant, exercez-vous à dessiner à la plume et à l'encre pour acquérir de l'aisance et développer votre propre style.

La technique de l'aquarelle, étant plus difficile, ne sera pas utilisée par un débutant. L'aquarelle sur papier est caractérisée par sa finesse et sa transparence. Chacune des couleurs peinte reste visible sur le papier (on pourrait se limiter à trois teintes). De ce fait, les erreurs sont difficiles à rectifier. Le choix du papier (il doit être tendu) est important. L'aquarelle est souvent associée à des dessins réalisés préalablement à l'encre ou au crayon comme ceux des revues de mode ou de livres illustrés. Encore que la merveilleuse translucidité de l'aquarelle soit presque inimitable, le graphiste inexpérimenté aura intérêt à se servir de marqueurs à encre soluble dans l'eau pour ses premières présentations. Il s'adressera à un illustrateur professionnel pour les réalisations finales.

Les crayons de couleur se prêtent à de multiples usages et, comme les marqueurs, sont d'un emploi facile. Il en existe trois sortes : la première à mine épaisse et relativement tendre, la seconde, plus dure, que l'on utilise pour les petits dessins et le rendu des détails et la dernière, soluble dans l'eau, qui permet d'obtenir des effets comparables à l'aquarelle. Les crayons de couleur produisent des effets subtils de tonalité difficilement réalisables avec les marqueurs. Avec certaines qualités de mines, on peut obtenir de larges surfaces de couleur vive. Certains crayons peuvent être employés sur bois et sur textile aussi bien que sur les surfaces communément utilisées pour le

1

2

3

▥ L'aquarelle.

1 Après avoir appliqué sur le papier les lavis de base, on travaille rapidement les autres couleurs en allant des plus foncées aux plus claires.

2 Les raisins sont peints à l'aide d'un pinceau presque sec.

3 L'aquarelle produit cet aspect soyeux et transparent pratiquement inimitable avec les autres techniques.

Ci-dessus et à droite.
Pour réaliser cette esquisse
destinée à une brochure sur le
thème des vacances, on a
utilisé un crayon à mine
tendre. L'esquisse a ensuite
été reproduite à l'aquarelle
pour la présentation finale.
Chaque surface est peinte
d'une couleur unie et
l'aquarelle rend bien
l'atmosphère recherchée.

A gauche. Ce dessin très
simple représentant des
grappes de raisin adoucit la
relative dureté de la
photographie. Les nervures
des feuilles ont été peintes au
pinceau à pointe sèche.
L'aquarelle a été fixée au lay-
out* par du scotch invisible.

A gauche et ci-dessous.
Cette esquisse exécutée à la
mine tendre et cette aquarelle
représentant un intérieur ont
été faites pour la même
brochure que les illustrations
de gauche. Ici encore, chaque
teinte est obtenue à partir
d'une seule couleur. On peut
produire des effets très subtils
avec l'aquarelle mais c'est
une technique difficile à
maîtriser pour un débutant.

■ **Ci-dessus et à droite.**
Ces esquisses simples mais convaincantes ont été réalisées pour une brochure à l'aide d'une couleur unie pour chaque surface. L'illustration à la gouache de caractère plus moderne, a été réalisée pour la version finale et préférée par le client.

dessin. La plupart des graphistes, soucieux de donner un style à leurs illustrations, préfèrent les crayons de couleur qui sont d'un usage considérablement moins complexe que d'autres techniques et qui offrent une gamme de couleurs très étendue. Un nouveau type de crayon (le crayon-aquarelle) combine les qualités du crayon de couleur et celles de l'aquarelle. Il peut donc être utilisé de la même manière que le marqueur pour des recherches préliminaires ainsi que pour des dessins élaborés.

LE RENDU DES COULEURS

Il existe divers moyens pour obtenir, sur une maquette, une couleur unie. Les marqueurs offrent sans doute la méthode la plus rapide et la plus facile mais parfois la gouache conviendrait mieux. Contrairement à l'aquarelle, la gouache ne se caractérise pas par la transparence des teintes. Les couleurs sont obtenues par mélange direct sur la palette ; étalées uniformément, elles permettent de réaliser un aplat* aux teintes vives et intenses où ne peuvent être distinguées les traces de pinceaux. Il existe des papiers de teintes variées pour les dessins au crayon noir, au crayon de couleur ou encore pour le pastel. Ils offrent

1

2

3

■ Imitation de l'aquarelle avec le crayon de couleur.
On utilise ici le crayon de couleur dans le même esprit que l'aquarelle.
1 Le contour des images est tracé légèrement à la mine de crayon dure puis des couleurs nuancées sont ajoutées avec le crayon de couleur que l'on

4

tient presque à l'horizontale. On protège le dessin avec du papier ou du carton et on travaille la couleur suivant une direction oblique.
2 On avive la couleur par superposition de couches successives sans oublier de laisser en blanc les taches lumineuses.

3 Les détails sont ajoutés à la fin à l'aide d'une pointe fine comme on le voit ici pour la grappe de raisin.
4 L'esquisse finale montre à quel point un dessin réalisé au crayon de couleur peut être délicat.

1

2

■ Emploi des crayons de couleur et des marqueurs.
Ici on utilise à la fois le crayon et le marqueur pour délimiter les éléments avec plus de netteté et obtenir une teinte plus homogène.
1 On efface légèrement le trait au crayon en ne gardant qu'un fin contour.
2 On applique les couleurs du fond au marqueur.
3 On se sert alors de la pointe et du côté du crayon pour délimiter chaque élément, aviver la couleur et ajouter les détails.
4 La version définitive montre qu'utilisé avec soin et précision le crayon permet d'introduire des lumières et des détails précis.

3

4

A gauche. Trois projets de papier cadeau pour Noël. Ce type de présentation imite une feuille enroulée. On a utilisé ici le crayon dont la couleur ne risque pas de sécher, ne coule pas et peut s'appliquer sur presque tous les types de papier ou de carton.

En bas à gauche. Pour cette couverture de livre on a utilisé des crayons à couleur soluble pour imiter l'aquarelle.

Ci-dessous. Bien qu'on se soit servi de marqueur pour la partie supérieure, le crayon de couleur reste l'outil de travail principal.

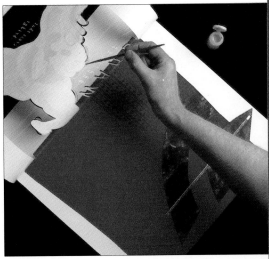

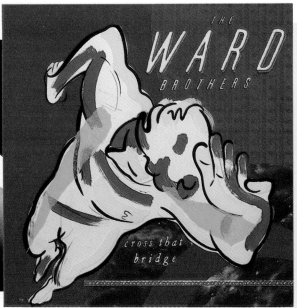

■ **A gauche.** La gamme de papiers disponibles est si étendue qu'il est possible de créer des effets intéressants simplement avec des collages. Avec cette pochette de disque on a employé différents papiers pour créer un fond abstrait. En raison de cette diversité du fond, on a décidé d'exécuter le dessin et les titres sur un acétate*. On a découpé et placé l'image de façon à en tracer les contours puis on a peint le dessin sur l'envers de l'acétate pour empêcher que l'image ne se déforme ou que la couleur ne s'altère lors de la fixation à l'adhésif.

■ **Ci-dessus.** Cette illustration destinée à un poster sera éventuellement reproduite en sérigraphie*. On a imité l'aspect de cette technique en collant des morceaux de papier de couleur. Quoique d'une simplicité enfantine, cette image conserve une conception audacieuse.

des surfaces de couleur unie comme les autres papiers. Toutefois certains d'entre eux, s'ils ne sont pas appropriés au dessin au crayon, peuvent convenir aux couleurs pulvérisées, aux encres et aux marqueurs.

Les illustrateurs professionnels se servent de l'aérographe* aussi bien pour les surfaces unies que pour les nuances permettant de restituer lumières et ombres, donnant ainsi à l'image un aspect approchant celui d'une photographie. Pour effectuer un travail aussi précis et complexe, il faut posséder une grande maîtrise de la technique de l'aérographe*. Cependant, en utilisant les kits pour débutants, le graphiste peut obtenir des aplats et des dégradés. Pour produire des dégradés, comme par exemple pour le ciel, la technique la plus appropriée est l'emploi de l'aérographe qui, seul, peut créer l'effet recherché.

COULEURS : DÉGRADÉS ET PASSAGES

L'aérographe* est d'un emploi très facile et peu coûteux. La pulvérisation peut être modifiée en changeant seulement la distance entre la surface à pulvériser et l'appareil. Il convient parfaitement au graphiste qui veut simplement l'utiliser

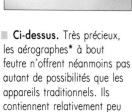

■ **Ci-dessus.** Très précieux, les aérographes* à bout feutre n'offrent néanmoins pas autant de possibilités que les appareils traditionnels. Ils contiennent relativement peu d'encre et sèchent trop vite.

■ **A droite.** Il existe toute une gamme d'accessoires à utiliser avec l'aérographe* traditionnel. Le bout peut être remplacé par un bruineur pour créer les effets figurant en bas à droite. Bien qu'on ne pense généralement pas à l'utiliser dans le domaine artistique, un séchoir à cheveux est souvent utile pour accélérer le séchage.

pour des fonds. Des appareils pour débutants sont fournis avec embouts de taille moyenne, aérosols sous pression et mode d'emploi. La gouache classique est couramment utilisée avec l'aérographe, bien que les techniciens experts se servent aussi de pigments dilués, présentés en flacons, d'encres et d'acryliques.

Sur certains aérographes, un embout en feutre, comme pour les marqueurs, remplace le réservoir. Ils sont très pratiques parce qu'on peut rapidement changer de couleur sans avoir à nettoyer l'appareil.

Celui qui veut obtenir des dégradés de surface limitée doit pratiquer l'aérographe selon la technique du masquage (masking)*. Pour mieux contrôler l'application de la couleur, on se sert de film pour masquage* et pour des formes irrégulières, comme par exemple les arbres qui sont difficiles à masquer, on utilise du liquide pour retouches. Les fonds sont obtenus grâce à d'amples mouvements de la main ; la densité de la teinte peut être modifiée graduellement par l'application de nouvelles couches de pigment.

Dans le cas de la peinture à l'eau, on recherche les nuances d'abord sur la palette et on recommence l'opération au fur et à mesure que le travail avance. L'artiste doit commencer par appliquer les teintes les plus sombres et, en les délayant sur la palette, procède vers les teintes plus claires. Il est très difficile de rectifier ou de retoucher un dégradé, une fois réalisé à l'aérographe*. L'artiste doit donc avoir une maîtrise parfaite de cette méthode avant de l'utiliser pour ses projets.

On se sert d'encres à dessin pour intensifier une couleur non seulement sur papier ou contre-collé* mais aussi sur des surfaces synthétiques (plastiques, etc.). La plupart de ces encres sont stables et non délayables une fois sèches. Elles coulent facilement et peuvent se mélanger entre elles ou avec l'eau pour créer des tons et des nuances variés. On peut obtenir des dégradés en diluant progressivement le mélange concentré initial ; inversement, on augmente l'intensité en

Les trois illustrations de cette page proposent des idées pour créer les personnages d'une bande dessinée ou d'un spot télévisé. Tous les fonds ont été réalisés à l'aérographe*, ce qui permet de comprendre l'importance de leur rôle pour créer une atmosphère. Comme ce type d'image a souvent été exécuté par découpage ou réalisé sur film transparent, on peut garder les fonds et les réutiliser le cas échéant. Ceci offre donc au dessinateur diverses possibilités qu'il peut soumettre au client lorsqu'il est temps de prendre une décision pour l'illustration définitive.

ajoutant graduellement du pigment au mélange dont la nuance est atténuée. Bien qu'elles servent en général pour des volumes, les peintures à l'eau présentées en aérosols peuvent être pulvérisées sur du papier à dessin, pourvu qu'on le fasse avec précaution et modération.

UTILISATION DES COLLAGES*

Le collage* peut être un moyen passionnant de rendre plus intéressant, une illustration ou un dessin. On réalise un collage sous sa forme la plus simple en juxtaposant des morceaux de papier ou

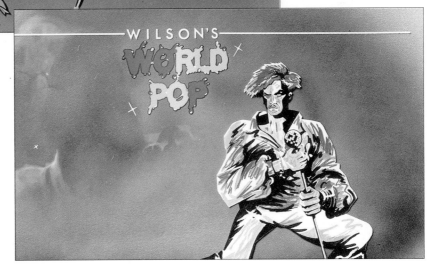

A gauche. Quand un client est particulièrement impatient de voir le projet réalisé, la rapidité est une qualité essentielle. Pour répondre à ce besoin, on trouve du matériel permettant de produire instantanément des effets artistiques. Le fond de cette double-page fictive pour une brochure sur le thème des vacances semble être coloré à l'aérographe*. En réalité, c'est une feuille imprimée. Le dessinateur a juste découpé objets et personnages dans des magazines et les a collés. Pour compléter le projet, il a ajouté le texte réalisé sur film transparent.

A droite. Pour ce logo de société on se servira éventuellement de l'aérographe. Cependant s'il s'agit simplement d'une esquisse, il n'est pas nécessaire de passer du temps à tout rendre en couleur. Il suffit de tracer les contours des lettres et d'en finaliser une partie.

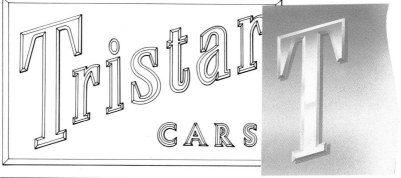

En bas à gauche. Cette couverture de livre représente, pour le studio qui en est chargé, un projet prestigieux car le livre, de l'avis général, contient les plus belles illustrations européennes actuelles. Le dessinateur, fasciné par les gravures populaires de l'époque victorienne, a décidé d'adapter cette technique à l'époque actuelle.

de tissu qui apporteront à une image des taches de couleur ou des textures* réelles. Dans le cas d'une image simple, comportant des surfaces clairement délimitées, on a la possibilité de créer toute l'illustration à partir de papier ou de matériaux divers sous forme de découpages. Le collage* convient particulièrement à l'illustrateur qui veut introduire dans l'image l'effet d'une authentique matière comme celle de la toile ou encore celle d'une feuille d'aluminium. Cette technique peut, en outre, servir à exprimer une certaine spontanéité produite par une composition rapide.

On peut aussi, suivant la nature et la destination de l'image, trouver avantage à utiliser des photographies tirées de magazines ou de journaux. Par exemple, l'image d'une nouvelle tondeuse à gazon ou d'un meuble de jardin peut être intégrée dans une illustration de jardin tirée d'un magazine. Les architectes complètent fréquemment leurs dessins d'architecture en leur ajoutant la photographie du site réel, et en introduisant des images d'arbres, de personnes etc. Les illustrations ou les photographies extraites de magazines apportent plus de vie à un dessin au trait. On peut aussi donner une idée du visuel* final avec une photographie lui ressemblant.

REPRODUCTION DE MATIÈRE ET DE TEXTURE*

Diverses techniques permettent de reproduire par le dessin l'aspect d'une texture*. Pour gagner du temps, les dessinateurs utilisent, en général, le procédé de transfert instantané qui met à leur disposition un grand choix de textures toutes faites.

ILLUSTRATIONS TECHNIQUES

Produites par les architectes, ingénieurs et dessinateurs industriels, elles ont essentiellement deux fonctions. Elles renseignent, d'une part, sur l'aspect de l'objet ou du bâtiment et, d'autre part, elles indiquent avec précision leurs dimensions et leur forme dans le but d'aider à leur réalisation. Les techniques géométriques diffèrent selon la fonction attribuée à l'illustration. Il est essentiel que tout dessinateur travaillant dans ce domaine ait une bonne connaissance de ces méthodes.

PROJECTION ISOMÉTRIQUE*

On doit donner, sur les premières esquisses, une idée de l'apparence de l'objet ou du bâtiment. La projection isométrique est un des moyens les plus pratiques d'y parvenir. Elle fait intervenir

■ **Ci-dessus et à gauche.** Ces trois illustrations figurent la couverture et deux double-pages fictives d'un livre. Elles sont composées d'éléments découpés, ce qui donne au client une idée du style plutôt qu'elles n'indiquent le contenu du livre.

■ **A droite.** Cette illustration pour une pochette d'album de disques présente un cas intéressant. Elle montre comment on peut créer un dessin dans différents styles résultant de l'association de techniques diverses. Le portrait de Michaël Oldfield est dessiné au crayon, à la gouache et à l'encre tandis que le fond est exécuté manuellement avec des collages*.

1

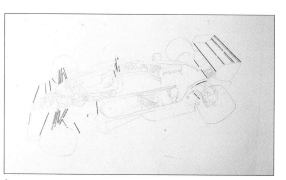

2

1 et 2 Pour représenter cette voiture on a commencé par en tracer les contours en s'inspirant d'une photographie. Le dessinateur trace d'abord les lignes orientées dans la même direction pour éviter de tacher le papier. S'il est gaucher il devra commencer à droite.

3 De la même manière, il tracera les lignes horizontales en commençant par le haut.

4 et 5 Il ajoute enfin tous les détails qui peuvent être dessinés à main levée avant de tracer les courbes extérieures à l'aide d'un « perroquet ».*

3

4

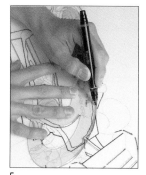

5

6 à 8 Nous pouvons voir ici la voiture prendre forme. Le dessinateur complète l'intérieur du dessin. On voit ainsi la voiture se contruire petit à petit.

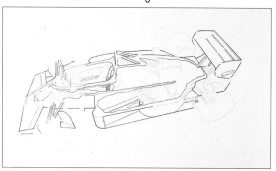

6

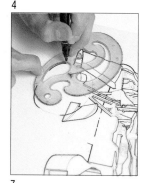

7

8

9 et 10 Il dessine maintenant les ellipses*. Il est toujours plus pratique de se servir de deux trace-ellipses : on en place un sous celui qu'on utilise, qui sera donc légèrement soulevé, ceci empêchera l'encre de couler en dessous et de faire des taches.

9

10

11

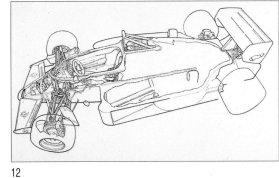

12

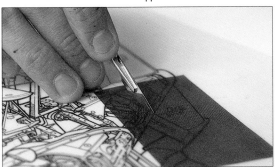

13

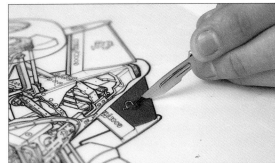

14

11 et 12 En dessinant des contre-hachures ou une série de petites lignes serrées, on rend bien la profondeur et le relief.

13 et 14 Le dessinateur ajoute les teintes en feuilles auto-adhésives (Letratone). On peut ainsi découper la surface désirée, l'excédent s'enlevant facilement. Quand la surface à enlever est trop petite, le dessinateur la gratte avec la pointe d'un scalpel.

15

15 et 16 Enfin, pour imiter l'aspect du caoutchouc des pneus et du velours sur le volant, il pose un pointillé. Cette série de points se fait à main levée à la plume.

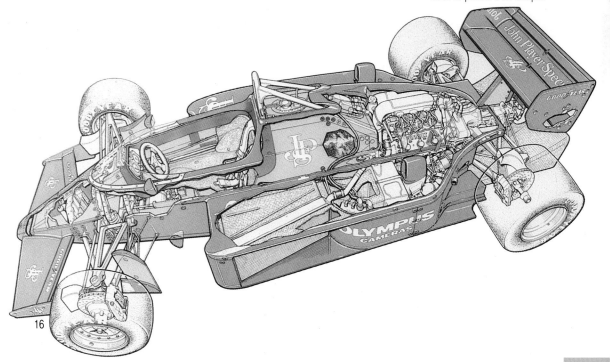

16

des lignes parallèles obliques à 30° pour représenter l'objet en trois dimensions. Elle a l'avantage de donner de l'objet ou du bâtiment leur mesure en grandeur réelle ou selon une échelle déterminée ; ainsi on pourra se reporter au dessin final pour connaître la taille réelle. Un papier quadrillé isométrique à lignes verticales et lignes inclinées à 30° rend le travail plus aisé. Son seul inconvénient est de faire paraître l'objet légèrement déformé. Cependant, les clients, fournisseurs de matériel technique, sont habitués à ce type de représentation et à ses codes.

DESSIN AXONOMÉTRIQUE*

Cette méthode, largement utilisée par les architectes, fait aussi appel au papier quadrillé à lignes parallèles. Tandis que la projection isométrique accorde autant d'importance à chacune des trois surfaces visibles, le dessin axonomérique, à cause de son angle de vue oblique à 45° situé plus haut, accentue le plan horizontal, (une projection oblique de 30°-60°, avec également un point de vue en hauteur, accorde plus d'importance au plan vertical). Pour les architectes, il est plus facile d'avoir recours au dessin axonométrique qu'à la projection isométrique car ils peuvent se servir de plans ordinaires comme base du dessin. Les représentations utilisant ces méthodes, qu'elles soient faites à main levée ou à l'aide d'outils spéciaux, sont très parlantes et peuvent être comprises de la plupart de gens. Pour cette raison, ces méthodes sont couramment utilisées pour montrer l'aspect de projets d'architecture (en particulier de complexes commerciaux et d'immeubles de grande dimension) pour lesquels le client désire une image démonstrative pouvant attirer l'attention d'acheteurs ou de locataires potentiels.

Pour exécuter ces dessins, il existe un certain nombre de moyens : l'aérographe* est une technique en vogue chez les dessinateurs maquettistes mais on peut se servir de marqueurs, de

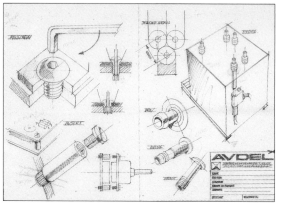

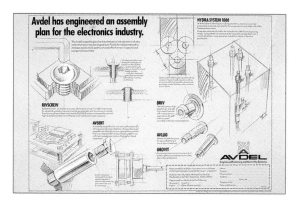

A gauche. Ces double-pages sont destinées à une publicité de magazine commercial. On ne voulait pas seulement montrer l'ensemble des pièces mais également comment elles s'assemblent. Les premières esquisses ont été faites dans le style de croquis d'ingénieur. Ce style ayant été vivement apprécié par le client fut conservé pour la version finale.

crayons de couleur, d'aquarelle. On peut également mixer ces différents médiums selon le degré d'expression et de clarté que l'on désire donner à la représentation. Certains dessinateurs tracent le quadrillage sur leurs roughs*. On doit se souvenir que les réseaux parallèles fournissent un moyen rapide et efficace de représenter des idées sur le papier (projets de stands d'exposition comportant des éléments spatiaux qui feront plus tard l'objet de plans détaillés et de maquettes).

COURBES, CERCLES ET ELLIPSES

De nombreux dessins sont formés en partie d'arcs, de courbes et de cercles et il est assez éton-

nant de voir que des illustrateurs se servent d'outils de traçage pour les exécuter alors qu'en réalité ils sont relativement faciles à dessiner. Sur les grilles de réseaux parallèles, les cercles apparaissent comme des ellipses sans en être de véritables du fait qu'elles sont construites à partir de quatre centres (utiliser un compas ou un trace-ellipse), l'axe principal étant légèrement trop court et l'autre légèrement trop long. En revanche, les cercles dans les dessins en perspective sont de vraies ellipses. Les petites ellipses sont faciles à dessiner à main levée : on dessine d'abord un parallélogramme puis on trace l'ellipse en lui faisant toucher le milieu de chacun des côtés.

DESSINS EN PERPECTIVE

La vue en perspective est la façon la plus courante de représenter l'espace dans un dessin. Elle ne comporte pas de déformation optique comme il en existe avec les réseaux parallèles et mieux que n'importe quel autre procédé, elle représente la réalité telle que nous la percevons. Elle est, pour cette raison, largement utilisée. L'adresse à repré-

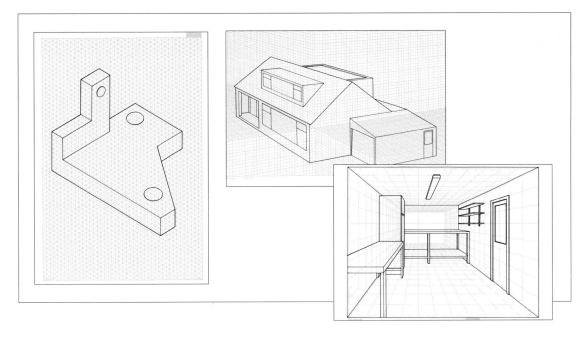

A gauche. Ces grilles permettent au graphiste de produire des dessins techniques sans avoir recours à un matériel et des calculs compliqués.

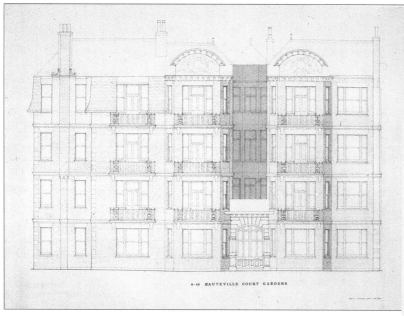

■ **A gauche.** Élévation de façade d'immeuble : type de dessin qu'un architecte devra présenter au client et aux services administratifs de la ville.

■ **Ci-dessous.** Ce croquis axonométrique* a permis à l'architecte de proposer de manière claire et précise son projet d'aménagement d'une cuisine.

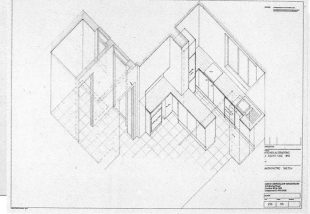

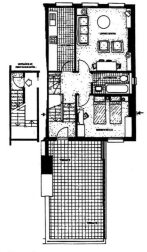

■ **Ci-dessus.** L'architecte a rendu ce plan d'intérieur plus intéressant en y ajoutant du mobilier.

senter la perspective est une qualité que devrait développer tout dessinateur.

La perspective la plus simple est celle à un seul point de fuite. On l'utilise pour montrer des vues d'intérieur de bâtiment, des scènes de rues et des arrangements en fonction de la position d'un spectateur ordinaire et selon son point de vue. Relativement facile à représenter, elle a tendance malheureusement à donner des images figées et des vues sans mouvement. Elle peut cependant être utilisée de façon excitante si on exécute des séries de dessins selon des points de vue différents, créant ainsi l'illusion de parcourir l'espace comme au cinéma. La perspective la plus courante est celle à deux points de fuite ; elle montre à un observateur des objets situés sur l'angle. Elle convient à des vues d'intérieur aussi bien que d'extérieur.

Les règles de la perspective linéaire sont complexes et, même bien comprises, elles nécessitent une certaine expérience pour pouvoir les appli-

quer. Il existe un matériel spécialisé (papier millimétré, planche à dessin).

Le point de fuite peut être situé plus haut ou plus bas que l'œil ; ce sera justement un défi pour le dessinateur de choisir le point de vue qui montre l'objet ou le bâtiment à son avantage. Une erreur propre aux débutants vient du fait qu'ils surchargent trop souvent une composition. On devrait garder à l'esprit la méthode de Matisse qui consistait à dessiner ou peindre un tableau avec des détails puis à le simplifier peu à peu en éliminant tout élément qui ne paraissait pas essentiel.

PROJECTION ORTHONORMÉE*

Les images orthonormées, base des dessins d'architecture, montrent des vues d'un objet en plan et selon ses diverses faces ; elles donnent des indications précises sur la dimension et la forme de l'objet ou du bâtiment. On dessine généralement trois plans : vue de face, vue de dessus et vue de profil. Dans des dessins complexes on doit représenter six plans. Le système des trois vues est le plus courant : les vues de dessus et de profil ont le même rapport que dans la réalité avec la vue de face. La vision en plan est dessinée au-dessus et le profil gauche, à gauche. Les dessins sont représentés à l'échelle, facilitant ainsi la construction de l'objet. En architecture, les plans, les coupes et les élévations sont tous des formes de dessins orthonormés. Malgré la difficulté que présente pour certaines personnes la « lecture » des projections orthonormées, celles-ci forment une partie essentielle des études architecturales dessinées et peuvent apporter des renseignements techniques. Les dessins techniques d'architecture reposent sur des conventions, cependant certains ont été représentés avec un si grand talent qu'ils sont de véritables œuvres d'art.

LES REPRÉSENTATIONS DE STRUCTURES

Les plans et dessins techniques communiquent une information sur un produit et constituent la base nécessaire de nombreuses études dessinées. Ils peuvent être entièrement schématiques, comme le sont les plans du métro de Londres ou de Paris ou ils peuvent être composés d'éléments illustratifs comme le sont les coupes* et les sections. Les coupes montrent les différentes couches ou niveaux d'un objet ou d'un bâtiment et peuvent comporter des détails (par exemple, les couches géologiques de la terre). On exécutera un plan ou un dessin technique au crayon ou au marqueur à pointe fine avant d'entreprendre la réalisation de la maquette. Les présentations techniques permettent de montrer les parties intérieures aussi bien qu'extérieures d'un objet (parfois les deux vues sont associées sur une seule image). Pour indiquer, par exemple, le mode de fonctionnement d'un moteur, on aura recours à une série de représentations en trois

dimensions montrant les étapes successives pendant la marche. De même, les représentations de structures exposant le mode d'assemblage des diverses parties d'un objet et le fonctionnement de l'ensemble font appel aux trois dimensions de l'espace et à la quatrième dimension qui est le temps ; en effet, elles montrent les transformations de l'objet dans l'espace en fonction du temps. Au lieu de disposer séparément les différentes vues du mécanisme d'un objet, on peut les assembler sur une image reconstituant cet objet de telle sorte que chaque vue est à la place qui lui revient. On peut ainsi résumer graphiquement les étapes d'élaboration d'une forme tout en préservant la clarté de son image initiale.

Des schémas placés dans un ordre narratif ou par séquence peuvent aussi montrer la façon de faire fonctionner convenablement de petits appareils à usage domestique (appareils ménagers). Les pictogrammes (représentation simplifiée de certains termes techniques) rendent les dessins comme les cartes, les plans, etc. moins obscurs et plus agréables à lire.

■ **Ci-dessous.** Certains dessins techniques complexes et extrêmement précis sont toujours d'abord exécutés au crayon pour pouvoir être corrigés plus facilement.

Techniques photographiques

On utilise de plus en plus comme visuels* des photographies parce qu'elles sont pratiques. D'ailleurs de nombreux clients en réclament. Pour les présentations, le graphiste-concepteur a intérêt à se servir de ses propres documents. On peut également montrer au client le genre d'illustration que comportera le projet en lui présentant des photographies similaires tirées de magazines ou provenant d'agences photographiques.

Certes un dessinateur n'est pas en mesure d'obtenir toujours des résultats comparables à ceux d'un photographe professionnel. Cependant, la plupart des graphistes savent se servir d'un appareil photo. Il est assez facile de se familiariser rapidement avec les divers effets produits par l'éclairage et différents objectifs. Si vous réalisez vos propres photos et voulez vous assurer d'une utilisation rapide en un minimum de temps, rappelez-vous deux points importants : ne compliquez pas outre mesure l'idée ou le contenu d'une photo et choisissez un éclairage simple. La photo de mode ou de publicité se doit d'être parfaite, il est donc recommandé, si vous travaillez dans ces domaines, de vous adresser à un professionnel, même pour une seule image.

D'une façon générale, les photographes ont une spécialité. Il existe des agences de photographes ainsi que des répertoires qui faciliteront vos recherches. Dans les faits, la plupart des graphistes savent où s'adresser. Il est important que le photographe comprenne exactement l'effet qu'il doit rendre ; au besoin, assurez-vous qu'il est bien informé de la place qui reviendra à l'illustration dans la mise en page (importance des textes, largeur des marges, emplacement par rapport à la pliure). Evidemment vous devez, en premier lieu, vous mettre d'accord sur le budget.

Tous les illustrateurs font usage de diverses techniques photographiques pour reproduire, agrandir, réduire, travailler des illustrations ou modifier des caractères typographiques. Ils font également appel à ces techniques pour montrer comment se présentera le projet une fois imprimé ; ce qui implique, dans de nombreux cas, de recourir à des procédés de reprographie* avec cadrage et reproduction de textures ou de couleurs.

REPRODUCTIONS EN COULEUR

Il existe essentiellement deux types de reproductions couleur proposés par les studios de photographie : un procédé conventionnel et un second procédé obtenu à partir de documents opaques. La différence est une question de technique et de support. On obtient les reproductions de type conventionnel à partir d'un négatif ou d'un positif (ekta). Elles peuvent être réalisées manuellement ou à l'aide d'une machine mais avec le travail fait à la main, on peut mieux contrôler les rapports des couleurs, le rendu (grain et netteté de la photo) ainsi que la dimension de la reproduction. Le procédé conventionnel a l'avantage de permettre de faire des reproductions de grande dimension dans de meilleures conditions et de tirer un grand nombre d'exemplaires identiques. En revanche, s'il s'agit d'un exemplaire unique, ce type de reproduction ne présentera pas un intérêt particulier.

Le second procédé s'obtient directement à partir de documents opaques, (photographie sur papier ou d'un dessin d'illustration en couleur) ; c'est sans doute la technique la plus couramment utilisée par le graphiste qui doit présenter un modèle unique. Elle est légèrement moins raffinée que celle de type conventionnel ; l'équilibre des couleurs peut être modifié en utilisant un filtre approprié lors du tirage. C'est un procédé relativement peu coûteux et qui, dans la majorité des cas, convient mieux aux présentations simples.

On peut citer également le procédé Cibachrome, pour lequel des couches sensibles à la couleur sont intégrées à la structure même du papier. Cette technique est fondée sur la destruction de la couche aux endroits où la couleur n'intervient pas. Les reproductions se font directement à partir de diapositives, d'une œuvre en

deux dimensions et même de volume en faible relief. D'une manière générale, ce procédé donne des couleurs nettes et brillantes quoique d'une qualité inférieure à celles obtenues par le procédé artisanal. Comme le second procédé, elles ont tendance à produire des photos très contrastées, ce qui risque d'entraîner une perte au niveau des détails. On peut reproduire directement de petits objets à trois dimensions, ce qui est extrêmement pratique pour certains projets à présenter.

Les résultats n'approchent cependant pas ceux que l'on obtient en studio photographique parce que la lumière est déterminée. Les tirages faits selon le procédé Cibachrome sont recommandés en particulier pour des expositions et des vitrines parce que les couleurs ne passent pas comme c'est le cas pour les deux procédés précédents. On trouve ce type de tirage sous divers

■ **A droite.** Cette couverture de livre comporte une photo sur laquelle on a reporté des lettres-transfert blanches. Elle est montée sur carton blanc et protégée par un calque.

■ **Extrême droite.** Pour cette couverture de livre sur fond de brocart on a utilisé des tirages photos à partir de positifs (fond, canapé, échantillons de tissu). Ces photos ont été disposées sur le carré blanc central. On a ajouté des lettres dorées calligraphiées obtenues par le procédé « Color Key »* et l'ensemble a été placé sous film transparent auto-adhésif.

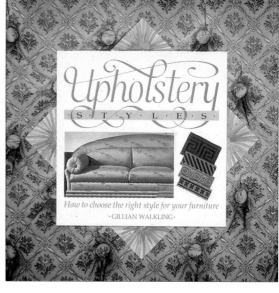

noms de marque (avec des différences minimes) chez un grand nombre de fournisseurs de matériel photographique.

Quelques fabricants de matériel reprographique sortent maintenant des photocopieuses capables de reproduire toutes les couleurs de l'original. Ces machines utilisent un film négatif et positif et la reproduction est complète en quelques minutes. Les sujets aux couleurs intenses, bien contrastés, donnent les meilleurs résultats. Il est possible d'effectuer des corrections sur les couleurs mais cela nécessite plus de temps et un matériel coûteux. En résumé, la photocopie couleur semble assez aléatoire à moins que le graphiste n'utilise son propre matériel avec compétence et accepte de passer beaucoup de temps pour obtenir le résultat escompté.

Les photocopies couleur donnent des reproductions d'assez mauvaise qualité car les couleurs, non stabilisées, perdent de leur intensité. Bien qu'elles soient utiles comme matériel de référence, leur qualité est trop médiocre pour pouvoir servir à une présentation-client excepté si on la complète ou la précise à l'aide de roughs sommaires.

Ceux-ci ont alors pour objet d'offrir d'autres solutions ou d'indiquer des changements dans la disposition des éléments. Ces reproductions présenteront également l'avantage de pouvoir être pliées sans risque (ce qui n'est pas vrai dans les autres cas).

Les polaroïds donnent des instantanés couleur de bonne qualité mais n'ont qu'une application limitée pour l'esthétique de la maquette de présentation. Ils sont cependant extrêmement utiles pour préparer un projet d'illustration parce qu'il est possible d'avoir rapidement des références de coloris pour les personnages, les objets, etc. qu'on désire mettre en valeur.

Pour les studios d'exécution et de maquette qui finalisent de nombreux travaux, le matériel permettant la mise en couleur par le procédé « Color Key »* est un investissement valable. Le « Color Key », procédé mécanique, peut remplacer la peinture à la main sur rhodoïd. On peint directement sur du papier blanc plastifié ou sur film transparent. Les images multicolores sont obtenues par l'utilisation d'encres qui, en séchant, deviennent sensibles à la lumière ultraviolette. En utilisant les kits de développement, une couleur simple ne prend que quelques minutes pour apparaître. L'avantage de ce système est de permettre au graphiste-exécutant de réaliser le travail lui-même sans avoir recours à un sous-traitant. Si l'on ne désire pas acquérir ce kit, il existe des studios spécialisés dans ce genre de travail.

REPRODUCTIONS EN NOIR ET BLANC

Les images en noir et blanc sont généralement reproduites par photographie (en utilisant un banc de reproduction) pour pouvoir être présentées. De nombreux exécutants savent se servir de cette machine qui offre diverses possibilités (agrandissement, réduction, cadrage, etc.). De plus, elles permettent de produire des images inversées : du positif au négatif, de droite à gauche, et de produire des surfaces tramées aussi bien que des images « au trait » sur rhodoïd ou sur papier. Le banc de reproduction donne une excellente qualité de base. On peut reproduire les demi-teintes (variété de gris) en utilisant un registre de trames* graduées selon la valeur correspondante aux gris choisis. On peut enfin produire des effets particuliers en utilisant des trames spéciales telles que le « denim », les cercles concentriques (voir le paragraphe sur la reproduction) et les dégradés. Ceci s'avère généralement suffisant pour les maquettes mais la qualité du travail n'est pas aussi satisfaisante que celle obtenue par un spécialiste.

On peut se servir de photocopieuses pour les reproductions de croquis exploitant une idée donnée ou de certains des éléments s'y rapportant. En théorie, une photocopieuse est capable de reproduire des copies de diverses sortes : texte écrit à la main ou à la machine, photo-couleur et illustration, dessin au trait, en demi-teintes ou en couleur, forme ou surface d'un objet représenté en trois dimensions (par exemple, une main ou le côté d'un emballage). Les reproductions peuvent être réalisées sur transparent ou sur papier ordinaire. En fait, les résultats sont variables et dépendent non seulement de la qualité de la machine elle-même mais aussi de la marque.

Il existe deux techniques de photocopie : la thermo-copie qui utilise un papier spécial et, de ce fait, est assez limitée dans ses applications, et la copie électrostatique qui peut imprimer sur n'importe quel papier, y compris le papier cou-

Le procédé Letrachrome.

1 et 2 Pour ce projet de couverture d'un livre fictif, on a tout d'abord produit une esquisse sur laquelle figurent tous les éléments.

3 et 4 En utilisant le procédé Letrachrome, on appliquera chaque couleur sur une feuille séparée. Tous les éléments à imprimer (dans ce cas les lettres) seront peints en noir et seront ainsi acceptés par la machine.

5 Les lettres blanches ont été copiées sur du papier de couleur.

6 La copie est alors insérée dans les feuilles transfert, c'est-à-dire entre une feuille de base et une feuille transfert. Celles-ci existent dans toute une gamme de couleurs.

1

2

3

7

8

9

10

11

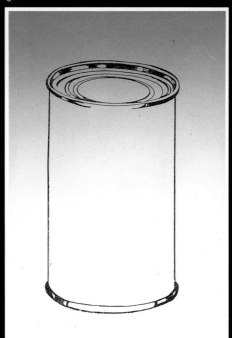

12

7 à 11 Pour les textes, les feuilles sont introduites dans la machine de la même manière que précédemment. Des lettres colorées de très bonne qualité sont instantanément produites. On répète cette opération pour chaque couleur de la maquette.

12 On trace en noir les contours de la boîte. Puisque le fond est exécuté dans un dégradé de bleu, le contour sera photocopié sur papier Letratone* de la couleur choisie.

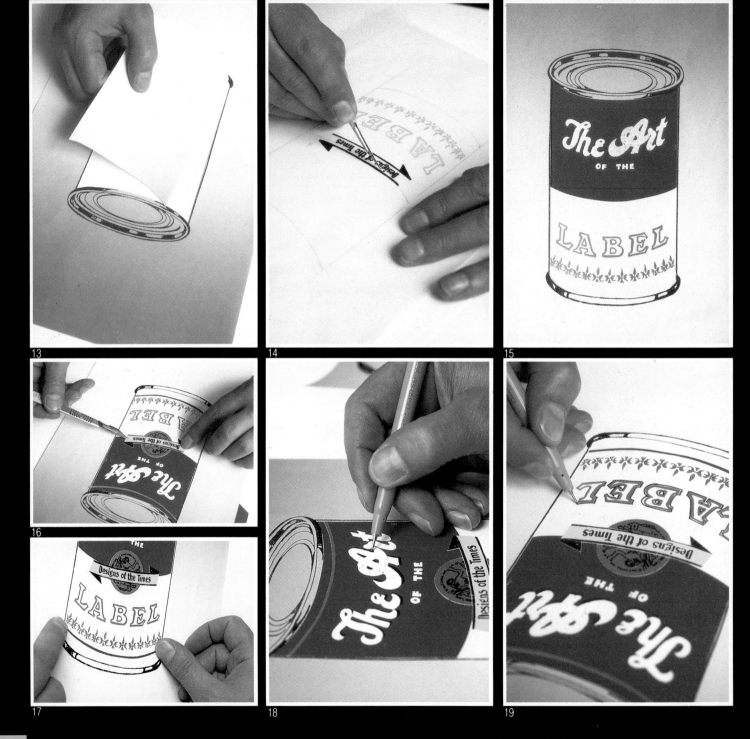

13

14

15

16

17

18

19

13 à 19 La boîte est découpée au milieu, ce qui permet de placer plus facilement tous les éléments. La série d'illustrations qui suit montre les différentes étapes de composition de l'étiquette avant sa fixation. Il faut toujours commencer par l'élément le plus grand en procédant graduellement jusqu'au plus petit détail et jusqu'aux éléments présentant des difficultés de pose. Pour terminer, on complète les détails à l'aide d'un feutre à pointe fine puis on repasse les contours.

20 Ce procédé paraît long mais les résultats obtenus sont très professionnels.

21 Ces exemples de papier cadeau pour Noël ont été choisis pour montrer l'étendue des possibilités offertes par le procédé Letrachrome*.

20

21

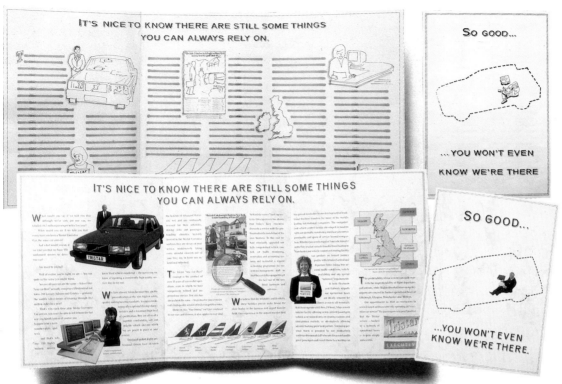

■ **A gauche.** Pour présenter des textes ou des illustrations au trait et les rendre plus attrayants on recommande par exemple de les photocopier sur papier de couleur.

leur, le papier calque et même le film transparent (ce qui est pratique pour la rétroprojection).

Le graphiste doit avoir à sa disposition une photocopieuse reproduisant des formats A4 et A3 et capable également d'agrandissement et de réduction. Parmi les plus chères, certaines machines peuvent agrandir ou réduire selon des pourcentages variant de 65 à 156 %. Elles peuvent aussi reproduire en rouge, brun et bleu ainsi qu'en noir, ce qui présente un avantage certain.

Le graphiste attend d'une photocopieuse des copies nettes et bien contrastées d'illustration ou de texte. Il n'y a normalement aucun problème pour les textes si l'original est net et les lettres bien dessinées, la reproduction est alors de bonne qualité. En revanche, les illustrations posent un réel problème en particulier si l'original comporte beaucoup de couleur et de détails. Les dessins donnent en général de bons résultats. Dans cer-

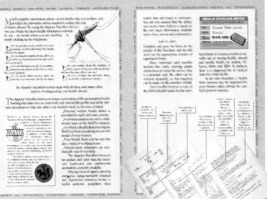

■ **A gauche** Pour les premiers roughs de la couverture et d'une double-page de cette brochure, on a reporté des lettres de transfert, indiqué le texte par des lignes et disposé les illustrations. L'original a été photocopié, collé sur un lay-out* et la couleur rajoutée en dernier lieu. La brochure imprimée montre l'évolution du projet.

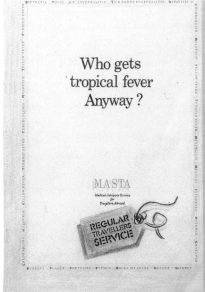

exemple la création d'un papier uni auto-adhésif destiné aux maquettes d'emballage ou bien l'utilisation de calque tramé (points blancs). Ces améliorations sont particulièrement sensibles au niveau du contraste.

Les téléfax* ou télécopieurs à distance permettent d'échanger textes, dessins, commentaires aussi simplement qu'avec une communication téléphonique. Les téléfax qui existent en formats A4 et A3 produisent une image digitalisée reproduisant le texte et les illustrations. Les téléfax peuvent considérablement accélérer le travail du graphiste surtout dans les premiers temps quand il s'agit encore de discuter les idées et les concepts mais ils ne conviennent généralement pas lors de présentations plus avancées sauf si le projet ne comporte que des dessins et du texte imprimé comme, par exemple, dans une annonce de journal.

tains cas, on peut améliorer la netteté en modifiant la définition sur la machine. Les photos en noir et blanc et les illustrations tramées tirées de magazines, de journaux ou de livres sont souvent assez mal reproduites bien que certaines photocopieuses japonaises donnent des résultats très satisfaisants avec les illustrations en couleur.

De nouveaux procédés ont récemment amélioré la qualité et la netteté des photocopies : par

TECHNIQUE DE REPRODUCTION DES DEMI-TEINTES

Le graphiste utilise ou simule les techniques de reproduction pour deux raisons : la première est de donner une idée exacte de la manière dont va se présenter l'image quand elle sera imprimée dans un magazine, un livre ou un journal (ce qui

Ci-dessus. On a délibérément accentué les contrastes apparaissant sur cette photocopie d'une photo pour lui donner un aspect irréel.

A droite. L'illustration et le texte ont été photocopiés sur un sépia pour produire une impression de rusticité, accentuée par les détails peints en tons clairs.

Ci-dessus à droite. L'illustration originale de cette « Tête de lettre » a été photocopiée trois fois puis retouchée et colorée à la main pour produire les divers effets proposés.

constitue une étape critique pour les travaux difficiles et doit donc être inclus dans les présentations) ; la seconde pour produire des effets spéciaux à l'aide de lignes brisées simulant un texte, de demi-teintes et d'autres trames à points ou à lignes d'un usage inhabituel et peu courant.

Les trames* peuvent être grossières ou fines selon la qualité du papier employé pour l'impression. Plus le papier est ordinaire, plus la trame doit être « grosse ». Si le projet à présenter doit être reproduit dans un journal, le nombre de lignes par pouce sur une trame peut descendre jusqu'à 55 ou 65 ; cependant pour des reproductions caractéristiques en couleur destinées à des magazines ou des livres il faut des trames de 130 à 150 lignes par pouce.

Le graphiste peut convertir une image en trame à points, à lignes ou à demi-teintes avec effets spéciaux. La méthode de loin la plus facile est celle qui utilise les feuilles de transfert instantané. Celles-ci produisent une certaine densité de points et de lignes selon leur graduation ainsi que des dégradés et des lignes d'épaisseur variable, droites et en perspective. Les trames, qu'elles soient à points, à lignes obliques ou concentriques peuvent s'employer seules ou en superposition ; dans ce cas, elles permettront de créer des effets de moirage ou d'autres effets tout aussi intéressants. On trouve des trames à finalité spécifique, des dégradés spéciaux, trames blanches ou couleur. Un large choix s'offre donc au graphiste qui a ainsi une possibilité d'expérimenter toutes sortes d'effets par mélange et mixage.

La conversion en trames noires et blanches peut évidemment se faire photomécaniquement. L'important ici est de s'assurer que le chiffre de la trame convient à la réduction ou à l'agrandissement de l'original. Si, par exemple, l'original a 15 × 22 cm et qu'il doit être reproduit dans un magazine en 10 × 15 cm avec une trame 130, l'original doit être réduit d'un tiers. La trame doit donc être en rapport, c'est-à-dire d'un tiers moins fine, soit 90, pour arriver à ce résultat. Reproduites directement d'après l'original, les copies tramées sont généralement de qualité satisfaisante et conviennent en tout cas pour les premiers projets. Les studios spécialisés utilisent également des

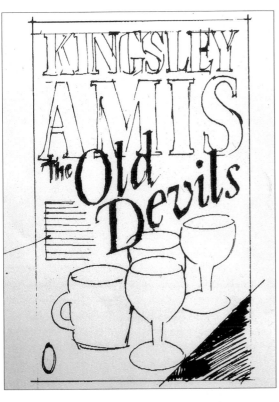

A gauche. Ces deux dessins au trait montrent les qualités de reproduction de la télécopieuse qui, de plus, apporte au dessin un certain charme.

Ci-dessous. Cette photo tirée sur papier mat a été peinte aux crayons de couleur avant d'être présentée pour la première fois au client. Mais pour la version finalisée, le dessinateur a fait appel à un illustrateur professionnel de manière à obtenir une illustration au style coloré et plus recherché.

combinaisons de trames (à lignes ou à points) pour illustrer par exemple une voiture avec dégradé pour le fond.

Le mezzotint* est une trame d'interprétation dont la structure linéaire de base donne un effet de valeur pointilliste. Elle est très utilisée en publicité. Il est difficile d'imiter à la main les effets que produit le mezzotint et de plus, à partir de feuilles de transfert l'essai peut s'avérer insatisfaisant. Pour un projet final, il est préférable de s'adresser à un studio spécialisé si l'on désire un travail de qualité, qui justifiera la dépense.

LA RETOUCHE DES IMAGES

Le graphiste peut vouloir retoucher ses photos pour deux raisons : soit pour effacer des taches ou des rayures sur un original, ce qui est fréquent avec le matériel en provenance des agences photographiques, donc pour obtenir une meilleure qualité d'image ; soit pour produire des effets spéciaux. Les retouches sont, le plus souvent, faites dans les studios spécialisés en particulier s'il s'agit

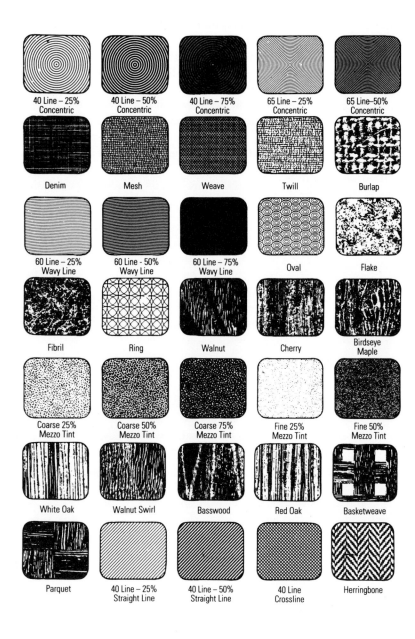

40 Line – 25% Concentric	40 Line – 50% Concentric	40 Line – 75% Concentric	65 Line – 25% Concentric	65 Line–50% Concentric
Denim	Mesh	Weave	Twill	Burlap
60 Line – 25% Wavy Line	60 Line - 50% Wavy Line	60 Line – 75% Wavy Line	Oval	Flake
Fibril	Ring	Walnut	Cherry	Birdseye Maple
Coarse 25% Mezzo Tint	Coarse 50% Mezzo Tint	Coarse 75% Mezzo Tint	Fine 25% Mezzo Tint	Fine 50% Mezzo Tint
White Oak	Walnut Swirl	Basswood	Red Oak	Basketweave
Parquet	40 Line – 25% Straight Line	40 Line – 50% Straight Line	40 Line Crossline	Herringbone

■ **Ci-dessus.** Divers types de trames* utilisées pour des effets spéciaux.

■ **A droite.** La trame de cette image est constituée d'une combinaison de points et de lignes.

d'un positif sur film ou d'un négatif de valeur. Il n'est cependant pas rare de voir des graphistes retoucher des photos en noir et blanc et même des photos couleur.

Quand on veut retoucher des photos en noir et blanc, il est important de s'assurer que l'image est reproduite sur papier mat non plastifié (la surface plastifiée étant difficile à retoucher). On peut utiliser de la gouache ou une peinture spéciale retouche. Les traces de retouche ne doivent pas apparaître sur les reproductions ultérieures. La photo peut être éclaircie, foncée ou contrastée à l'aide d'un pinceau fin. Les marques noires sont généralement retirées par grattage. La pose à la main de la couleur se fait de la même façon et pour renforcer la couleur, il doit évidemment s'agir d'une photo sous-exposée toujours sur papier mat comme indiqué précédemment.

La photo couleur peut aussi être retouchée avec les mêmes produits que pour la photo noir et blanc. Les retoucheurs professionnels se servent souvent de l'aérographe pour masquer certaines zones ou pour en faire ressortir d'autres. Il est conseillé de confier les photos couleur de valeur à des studios spécialisés à moins qu'il n'y ait peu de choses à retoucher.

de l'une et les parties foncées de l'autre. Le photo-montage permet d'obtenir le résultat recherché c'est-à-dire l'aspect d'une seule diapositive. On emploie fréquemment ce procédé en publicité pour produire, à la manière des surréalistes, des « combinaisons » qui, jusqu'ici, ne pouvaient être faites qu'à l'aide des techniques de l'illustration.

DIMENSIONS ET CADRAGE DE L'IMAGE

Il est important de définir la dimension des images et des dessins si l'on commande des illustrations ou des photos et si l'on soumet un projet à un studio spécialisé. Les illustrateurs préfèrent généralement travailler sur des agrandissements de l'image à reproduire (le plus souvent une et demie à deux fois la dimension initiale), ce qui présente l'avantage de rendre plus nette la réduction. Pour des reproductions en couleur, l'image doit être accompagnée d'un calque superposé au document et indiquant par des hachures les parties à conserver. Les échelles de réduction (hauteur et largeur) doivent aussi apparaître sur le calque.

Il est également important de se servir d'un calque pour les films : on doit y reporter les contours de l'image, y indiquer les dimensions et la surface hachurée correspondant au nouveau cadrage. Par exemple l'illustrateur peut désirer retirer le fond ou une partie de l'image. Dans ce cas, il est essentiel de donner au studio chargé du travail des instructions précises en même temps qu'un croquis de la même taille que les images à reproduire.

■ **Recadrage à l'échelle.**
1 Fixez un calque sur la photo. Tracez à la règle un cadre aux dimensions voulues et dessinez les contours de l'image.
2 Tirez une diagonale et tracez un cadre qui contient l'image.
3 Placez le calque sur la photo et fixez-le.

■ **Ci-dessus.** Sur ce montage on a superposé deux négatifs représentant chacun un seul parachutiste.

Les photos couleur peuvent aussi être retouchées par un procédé de transfert de teintes suivant lequel on ajoute de la couleur à l'aide de peintures solubles à l'eau. On peut aussi les retirer à l'aide de solvant chimique. On peut corriger des variations de couleur sur un film original et on peut complètement changer la couleur de certaines des parties de l'image. Ces deux procédés de pose de couleur par transfert et de retouche reviennent très cher et leur emploi est surtout limité à la création d'images photographiques destinées à la publicité.

On peut produire des effets spéciaux en superposant deux diapositives. Pour parvenir à l'effet recherché on doit partir d'images simples et sobres. La technique inverse consiste à mélanger deux images en opposant les parties claires

Le message imprimé

Impression en relief

1 Tracez ou dessinez la lettre ou la figure sur un papier calque fixé sur un support suffisamment épais pour que la forme de la figure s'y soit inscrite en creux.

2 Avec un scalpel découpez la lettre en suivant les contours et coupez également la surface du support puis retirez le calque.

3 à 5 En suivant attentivement les contours, découpez les couches supérieures du support pour obtenir une impression nette en creux. Retirez la lettre et nettoyez le « creux » au scalpel.

6 Placez le papier à repousser à l'envers sur le support en fixant des repères à l'aide de ruban adhésif pour garantir un positionnement correct.

7 Frottez légèrement.

8 Retournez le papier, la lettre apparaît en relief.

9 La lettre obtenue ressemble à une lettre en relief produite par la technique du timbrage.

Pour les esquisses rudimentaires et les premiers croquis l'exécutant propose une présentation graphique de l'emplacement et de l'aspect des textes, mais parvenu à l'étape des maquettes finalisées, il devra fournir une reproduction de la typographie aussi proche que possible de l'impression définitive. Dans la plupart des cas, il est recommandé de s'adresser à un professionnel qualifié pour un travail d'impression particulier. Les imprimeries locales pourront se charger des travaux d'impression en relief ainsi que du gaufrage* et du timbrage*. Si vous êtes le client régulier d'un imprimeur, celui-ci pourra même vous aider en vous fournissant un livre fictif*. Il existe aussi des sociétés spécialisées qui peuvent, suivant les indications du graphiste, fournir des prototypes parfaitement conformes à la réalisation finale. Elles peuvent exécuter des travaux qui vont du plus simple (peu coûteux) au plus complexe (et très onéreux) comme par exemple pour le packaging*. La qualité de présentation de ces prototypes est de beaucoup supé-

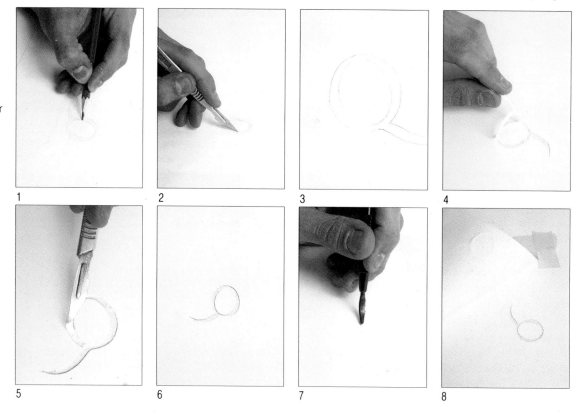

1 2 3 4

5 6 7 8

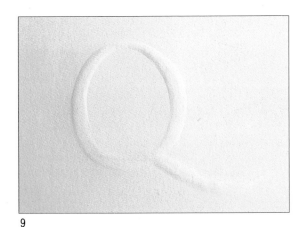

9

rieure à celle des travaux imprimés. Le graphiste peut cependant avoir recours lui-même à certaines techniques ou les simuler sans trop de difficulté s'il en a le temps et le désir. Quelques-unes de ces techniques consistent à simuler l'impression en relief ou celle d'une impression faite au tampon.

TECHNIQUES SPÉCIALES D'IMPRESSION

Pour réaliser une impression en relief on dispose une feuille de papier ou de carton fin entre deux moules (mâle et femelle) généralement en cuivre ou en acier. Les meilleurs résultats d'impression s'obtiennent avec un type de papier relativement souple. Une imprimerie locale fera souvent ce genre de travail pour un prix modique ; toutefois l'original ne doit pas comporter trop de détails car ils risquent de ne pas ressortir suffisamment. Si l'on veut un travail de haute qualité et de finition dans les détails, il faut utiliser une presse spéciale. Il est donc indispensable de vérifier que l'imprimeur ou le spécialiste local disposent d'une telle presse ou s'ils peuvent obtenir une plus grande précision de détails avec leur matériel habituel.

Le timbrage ou impression en relief peut être réalisé avec une encre spéciale ou bien sans encre : c'est la technique du gaufrage*. Cette technique (gravure en creux) est une exploitation (comme

■ **Ci-dessus.** Pour le rough de couverture de cette revue on a fait un usage intéressant d'un sceau imprimé en relief. Cette technique d'impression en relief d'un modèle unique ne convient pas pour des figures comportant des détails plus minutieux. Le timbrage à chaud (exécuté par des maisons spécialisées) conviendrait certainement mieux.

1

2

■ **Imitation d'un tampon.**

1 Transfert à sec sur une feuille de papier des mots ou des symboles.

2 et 3 Prenez une feuille de transfert avec des formes ovales et choisissez l'ovale en fonction de la taille du mot. Reportez-le autour du mot.

4 Trempez légèrement un coton dans de la peinture blanche et passez-le par endroits pour produire quelques imperfections comme il en arrive avec les tampons.

3

4

en taille douce) de l'aspect d'un relief laissé par l'encre qui a rempli les creux de la gravure et que la pression a fait ressortir. Il existe des maisons spécialisées pour ce type de travaux. C'est un procédé coûteux et le nombre de couleurs est limité. Il peut donc être difficile de superposer des couleurs surtout s'il s'agit de tons subtils. On ne fait appel à ce procédé que pour des projets prestigieux pour lesquels on recherche avant tout une qualité exceptionnelle.

Le procédé de typographie en relief permet d'imiter à peu de frais la technique d'impression en timbrage. La partie « en relief » est imprimée avec une encre spéciale qui ne sèche qu'après pulvérisation d'une poudre qui s'agglomère avec l'encre. La feuille est alors chauffée pour que l'encre et la poudre se mélangent ensemble. Une fois refroidie, l'image apparaît en relief mais, contrairement à l'impression au tampon, il n'y a pas de marque en creux au verso. Les imprimeries locales utilisent régulièrement cette tech-

nique pour des papiers à en-tête ou des cartes de visite.

Le contre-collage* est une autre technique employée par les imprimeries. Des feuilles métalliques de différentes couleurs (en général, argentées ou dorées) sont imprimées à l'aide d'un disque chauffé selon un procédé similaire à celui des doreurs. Cette méthode n'est pas très onéreuse si le travail est confié à un professionnel mais le graphiste peut lui-même produire un effet identique en utilisant un calque de transfert instantané doré ou argenté ou en peignant l'image à l'encre ou à la peinture dorée ou argentée (technique d'esquisse).

Les tampons en caoutchouc sont faciles à réaliser d'après les indications données par le graphiste ; toutefois si vous le donnez à un imprimeur local, il faut l'avertir précisément de l'usage auquel vous le destinez. On peut imiter l'impression produite avec un tampon en utilisant les transferts instantanés de dessins, par

5 Faites une photocopie de l'ensemble pour que la peinture blanche ne soit plus visible.

5

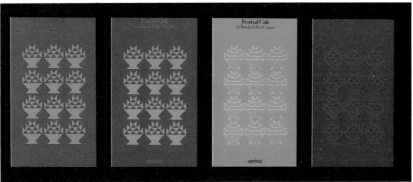

■ **A gauche.** L'emploi d'un film transfert de tons unis ou dégradés (ainsi que vous le voyez dans cette image) est une des techniques les plus pratiques pour imiter une reproduction en couleur.

■ **Ci-dessus.** La reproduction par sérigraphie a donné d'excellents résultats pour ces menus dont la couleur varie d'après la saison. Menus imprimés sur film ou plastifiés.

■ **Ci-dessous.** Le timbrage à chaud* sur support métallisé donne un aspect très professionnel à ces planches comme ont peut en juger ici.

exemple, ovales, carrés, triangles, lettres, etc. Un tampon donne rarement des contours nets, donc pour créer une meilleure illusion on frottera les contours par endroits à l'aide d'un coton imbibé de peinture blanche. On peut de la même façon atténuer les contours des caractères typographiques situés à l'intérieur. Il existe un autre procédé qui consiste à faire une série de photocopies successives de l'image pour diminuer la netteté des contours après les avoir recouverts par endroits d'un peu de peinture blanche.

Le tramé* est une autre technique que le graphiste peut imiter facilement ; une pointe dure et fine est nécessaire pour que le résultat obtenu soit net.

La sérigraphie est une technique d'impression que connaissent bien les graphistes car ils y sont initiés lors de leur formation. Bien qu'il leur soit tout à fait possible de réaliser eux-mêmes leurs projets en sérigraphie, la plupart d'entre eux s'adressent à des professionnels disposant d'un

Composition d'une double-page pour un projet de livre.

Il s'agissait pour le dessinateur de produire une version fictive d'un livre sur le dressage des chevaux en se servant d'illustrations diverses.

1 Le dessinateur indique les dimensions des pages et commence le lay-out*.

2 et 3 Certaines images se présentent dans des cadres. Le dessinateur trace les cadres à l'intérieur desquels il dessine les contours des images.

4 Il choisit des lettres de transfert pour le titre. Il se sert ensuite des repères donnés sur les feuilles de transfert pour disposer correctement les lettres, puis les retire à l'aide de ruban adhésif.

5 et 6 Le texte fictif a été composé suivant la dimension requise. On a indiqué les sous-titres réels tandis que le texte courant est simulé grâce à un texte latin. Ces morceaux de texte ont été découpés et placés sur le lay-out. On peut aussi utiliser des textes de transfert pour les sous-titres et le texte latin. Ce procédé est un peu moins coûteux mais demande plus de temps.

équipement moderne. La sérigraphie est principalement utilisée pour reproduire logos et symboles de sociétés ou pour les labels apparaissant sur les tee-shirts, les sacs, les affiches, etc. La sérigraphie offre l'incontestable avantage de pouvoir être utilisée sur des supports variés. C'est une technique bon marché, bien adaptée pour des impressions en quantité limitée. Bien qu'il soit possible de produire des quadrichromies, ce procédé convient mieux aux images au trait ou présentant des surfaces de couleur unie. L'impression se fait également bien sur support métallique.

La sérigraphie consiste essentiellement à faire passer de l'encre à travers un écran de soie ou de nylon bien tendu sur son cadre. A l'aide d'une raclette qu'on passe d'un côté à l'autre du cadre, on force l'encre à traverser le cliché d'impression. Divers tissus comme la soie, le nylon ou le coton peuvent servir d'écran mais les fibres synthétiques ont maintenant remplacé pratiquement les

fibres naturelles. Le cliché représentant l'image à imprimer peut être découpé à la main ou obtenu par procédé photographique. Des surfaces (papier, film mat ou transparent) prêtes à découper et auto-adhésives de différentes qualités (tramées ou non) sont disponibles dans le commerce. Ces produits destinés aux graphistes sont particulièrement utiles pour la réalisation de maquettes finalisées conformément à ce que l'on souhaite en impression finale. Pour reporter le cliché sur l'écran, il existe deux procédés photographiques : direct ou indirect. Par la méthode directe, le film positif ou le dessin sont transférés directement sur l'écran dont la surface est recouverte d'une émulsion sensible à la lumière. La lumière ne durcit l'émulsion que dans les zones qui ne seront pas imprimées. L'écran est alors rincé, laissant apparaître l'image en négatif. Avec le procédé indirect, les clichés sont préparés, exposés, lavés ou développés avant d'être fixés sur l'écran.

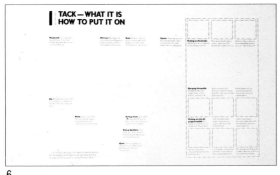

6

7

8

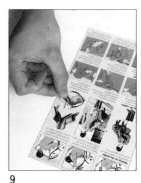

9

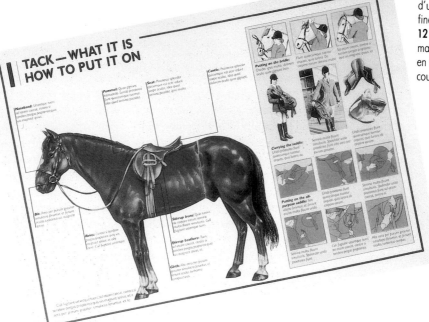

10

11

9 Pour le reste des illustrations, on a utilisé des découpages faits au scalpel. On voit le dessinateur placer ceux-ci sur la page.

10 Le dessinateur applique une fine bordure autour de la planche en lissant avec les doigts pour obtenir une bonne adhérence.

11 Les lignes de renvoi sont tracées à la main à l'aide d'un stylo à plume tubulaire fine.

12 La double-page fictive est maintenant complète. On peut en faire des photocopies couleur.

7 Le fond de couleur a été appliqué par transfert. Pour exécuter cette opération, utilisez une règle en plastique transparent et appliquez la couleur lentement en évitant la formation de bulles d'air. Retirez l'excédent au scalpel.

8 Les images sont alors découpées et disposées sur le lay-out où on les fixe. On se sert d'une règle en métal et d'un scalpel pour couper les images aux dimensions voulues.

12

Foliage House Plants

Lorem ipsum dolor sit amet, consectetu eiusmod tempor incidunt ut labore et dol enim ad minim veniam, quis nostrud er oris nisi ut aliquip ex ea commodo con dolor in reprehendit in voluptate velit dolore eu fugiat nulla pariatur.

Lorem ipsum dolor

laborum et dolor fuga. Et harumd dereur liber tempor cum nobis eligend optio co maxim placeat facer possim omnis vol repellend. Temporibud autem quinusd necessit atib saepe eveniet ut er repudiat earud reruam hist entaury sapiente dele asperiore repellat. Hanc ego cum tene so eam non possing accommodare nost ro tum etia ergat.

Ut enim ad minimim

upiditat, quas nulla praid om undant. ercend magist and et dodecendesse vi ma sanos ad iustitiam, aequitated fide t est cond qui neg facile efficerd possi vel fortunag vel ingen liberalitat m volent sib concitiant et, aptissim es mning null si cuas peccand quaen sine julla inaura abile. Concupis plusque in insup molument oariunt iniur. Itaque e ptabil, sed quiran cunditat vel pl r and tuitior vitam et luptat pleni n improb fugiendad improbitate uaea derata

Endium caritat praesert

necessit atib saepe eveniet ut er repudiat earud reruam hist entaury sapiente dele asperiore repellat. Hanc ego cum tene so eam non possing accommodare nost ro tum etia ergat. Nos amice et nebevol, ol cum conscient to factor tum poen legum neque pecun modut est neque nonor imp cupiditat, quas nulla praid om umdant. coerend magist and et dodecendesse vi bene sanos ad iustitiam, aequitated fide fact est cond qui neg

Neque hominy

cum omning null sit cuas peccand quaer explent sine julla inaura autend inanc s desiderable. Concupis plusque in insup rebus enolument oariunt iniur. ipsad optabil, sed quiran cunditat vel d propter and tuitior vitam et luptat pleni ogenium improb fugiendad improbitate cuis. Guara derata micospe reuneren gs quam nostros expetere tuent tamet eum locum seque facil, ut n Lorem ipsum dolor sit amet, consectetu eiusmod tempor incidunt ut labore et dol enim ad minim

Lorem ipsum dolor sit amet, con tempor incidunt ut labore et doli veniam, quis nostrund essentitat commodo consequat. Hanc ego

et iusto odio dignissim qui bland excepturi sint occaecat cupiditat deserunt mollit anim id est labor distinct. Nam liber tempor cum s

Temporibud autem quinusd et au er epudiand sint et molestia non delectus aut prefer endis dol quid est cur veror no ad eam no

conetud notinec si efficerd, et s but turrtung benevolent sib con cum omning null si cuas peccand explent sine julla inaura autend in

Variegatd Needlepoint Ivy
invitat igitur vera

Lacy Leaf Ivy
coerend magist

Needlepoint Ivy
dodecendesse vide

Canary Island Ivy
improb pary minuti

Common Ivy
potius inflammad ut

LIVRES EN BLANC ET LIVRES FICTIFS*

Les petites publications ou les livres en blanc, vrais ou imités, conviennent parfaitement aux présentations de maquettes finalisées* ; cette étape de travail est particulièrement appropriée si le client désire la coopération de ses vendeurs ou pour un co-éditeur soucieux du produit concret pour en juger son aspect général et son poids (notamment s'il doit être envoyé par la poste) ou pour donner son accord sur le projet de reliure. Le graphiste peut réaliser lui-même ce travail ou faire appel à l'imprimeur.

A la demande, l'imprimeur réalisera un livre en blanc si le client est un habitué ou si le travail commandé est assez important pour justifier cette réalisation. Avant de demander à l'imprimeur d'exécuter le livre en blanc, il faut spécifier le format des pages, leur nombre, le grammage* et la qualité du papier (son aspect : mat ou brillant) de même que le type de couverture ou de reliure, le cas échéant. Si le livre ou la publication comportent du papier couleur, du papier « d'art » pour les planches illustrées ou quelque matériau inhabituel comme, par exemple, le papier plastifié, il faudra évidemment que le livre en blanc en comporte aussi. Il est idéal pour présenter un livre avec sa jaquette, avec les double-pages comprenant texte et illustrations à l'intérieur. Cependant, en raison de la compétitivité croissante concernant les frais d'impression et de reliure, les imprimeurs sont moins disposés qu'autrefois à les fournir gratuitement.

La démarche est la même quand on réalise un livre fictif qui permet de bien mettre en valeur les projets de livres de luxe ou de livres à grand format. Dans ce cas, le client ou l'éditeur fournit une œuvre en noir et blanc (texte et illustra-

1

2

3

4

5

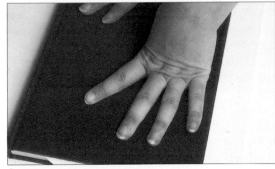

6

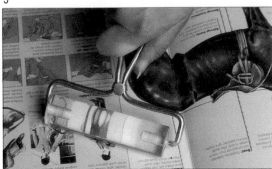

7

8

◼ Réalisation d'un livre fictif.

Pour ce projet, le graphiste veut présenter les dimensions et le volume exact du livre, un modèle de double-page et de couverture.

1 L'imprimeur a fourni un livre en blanc réalisé avec du papier du grammage prévu. Au fur et à mesure qu'on ajoute des pages, on doit retirer des pages blanches au centre pour conserver au livre la même épaisseur. Pour chaque page ajoutée, il faut en principe retirer trois pages blanches.

2 On se sert d'un instrument peu coupant, par exemple le dos d'un scalpel, pour marquer la pliure.

3 et 4 La double-page pliée, on doit alors vérifier qu'elle s'insère correctement dans le livre avant de retirer les repères.

5 à 7 La double-page est alors fixée à la pliure. Il n'est nécessaire d'aplatir que l'une des deux pages à l'aide d'un rouleau puisque la fermeture du livre aplatira automatiquement l'autre page.

8 Les pages sont coupées à la bonne dimension à l'aide d'un scalpel, d'une règle et sur un carton glissé entre les feuilles.

tions) et les planches couleur afin d'obtenir un cahier (de 16 ou de 32 pages). Quelques-uns de ces cahiers sont imprimés puis rassemblés de manière à former la totalité du livre. On relie ensuite une cinquantaine de ces exemplaires fictifs composés de cahiers identiques et on les utilise à titre promotionnel. Cette possibilité n'est pas donnée à beaucoup de graphistes ; elle dépend d'une part d'un accord mutuel entre l'imprimeur et le client, d'autre part de la confiance en la rentabilité de l'investissement commun.

Dans la plupart des cas, néanmoins, le graphiste doit constituer lui-même une maquette ou un livre de dimension réduite. Malgré ceci, il est important d'obtenir la dimension exacte de chaque page. Des cisailles et des massicots rotatifs (qui offrent une plus grande sécurité) sont en mesure de couper rapidement et avec précision des matériaux très divers : carton épais, bois et métal. Un tel matériel rend le travail infiniment plus facile. Les livres fictifs réalisés à la main doivent évidemment être constitués de matériaux se rapprochant le plus possible de ceux de l'objet final. Comme pour les livres en blanc des imprimeurs, l'épaisseur et le poids sont des facteurs importants. Si la brochure fait l'objet d'un mailing*, il est crucial de lui donner son poids définitif avec exactitude. Dans cette optique, les fabricants de papier sont toujours d'un grand secours.

Plutôt que de faire le travail eux-mêmes, de nombreux graphistes préfèrent s'adresser à un imprimeur local qui réalisera le livre fictif. Il est impératif de donner toutes précisions à l'imprimeur concernant le travail à exécuter et de voir avec lui ses possibilités en particulier en matière de reliure.

MÉTHODES DE RELIURE

Il existe essentiellement quatre méthodes de reliure. Leurs différences dépendent du type de livre ou de publication à réaliser ainsi que du

1

2

3

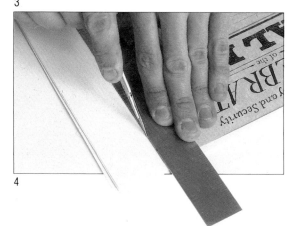

4

4 et 5 *La brochure une fois pliée, on recoupe les marges.*
6 *On colle les double-pages au centre de la brochure à l'aide d'un adhésif.*

5

6

matériel utilisé. Pour le graphiste, les reliures les plus faciles à imiter ou les moins chères à faire exécuter sont probablement celles des magazines et des brochures.

Les méthodes de reliure par couture ou agrafage sont les plus courantes : on place la brochure ou le magazine ouvert sur une semelle en métal et l'agrafeuse au-dessus, puis on fixe les agrafes le long de la pliure. Le graphiste peut le faire en se servant d'une agrafeuse grand modèle ou le faire à la main (l'agrafe est rentrée manuellement dans des trous préalablement perforés puis elle est refermée). Il peut, ce qui sera plus rapide et n'occasionne pas de grands frais, en charger l'imprimerie locale. Pour des magazines, des brochures ou des publications plus épaisses la couverture est directement encollée sur le dos formé par l'assemblage de toutes les feuilles. Cette méthode présente cependant un inconvénient : quand la brochure est ouverte, les pages ne peuvent rester à plat.

On utilise souvent au préalable une gaze ou une mousseline pour les livres brochés et pour des magazines. On aplatit les pages le long de la pliure centrale de façon à faire adhérer plus fortement la colle mais, dans ce cas encore, on peut faire appel à l'imprimeur qui se chargera de cette opération pour un prix raisonnable.

Les livres et publications reliés sont cousus ; il en est de même pour certains livres de poche. Chaque cahier de 16 ou 32 pages est cousu à la machine sur la pliure centrale puis tous les cahiers sont rassemblés et cousus ensemble. On recouvre de colle le dos cousu puis on l'arrondit à l'aide d'une machine spéciale pour permettre au livre de s'ouvrir plus facilement. On colle sur le dos une bande de gaze qui dépassera de chaque côté. Une bande de tissu est alors attachée au livre puis celui-ci est placé dans une machine qui fixera les feuilles du début et de la fin et qui mettra en place la couverture. C'est la méthode la plus coûteuse mais les reliures obtenues sont très solides.

L'assemblage mécanique s'emploie surtout pour des manuels et des cahiers (quelquefois pour des brochures). Il consiste à maintenir ensemble la couverture et les pages à l'aide d'une reliure-spirale en métal ou en plastique introduite dans des trous préalablement perforés. Cette méthode a l'avantage de permettre au livre de s'ouvrir complètement à plat. Ces reliures peuvent être commandées à des professionnels ou faites en studio grâce à une machine spéciale. Si elle n'est pas particulièrement coûteuse pour le prototype d'un modèle, cette méthode occasionne des frais relativement élevés par unité surtout s'il s'agit d'un grand nombre d'exemplaires. Ce facteur doit être pris en considération d'autant que la reliure obtenue avec ce procédé conserve un aspect bon marché.

La reliure à anneaux, qui permet également aux pages de s'ouvrir complètement à plat, est un type de reliure à pages volantes. On l'utilise rarement pour des livres ou des publications commerciales mais souvent pour présenter des recher-

1

2

■ **Reliure à anneaux.**
Les grandes agences ou les graphistes indépendants qui réalisent de nombreux rapports ont intérêt à faire l'achat d'une machine qui assemble les pages avec des anneaux. Non seulement projets et rapports auront toujours un aspect professionnel mais on économisera de l'argent et de l'énergie en évitant de les faire monter à l'extérieur.
1 Réglez la machine à la dimension des pages et indiquez le nombre d'anneaux à poser. Introduisez les pages pour les perforer.

2 La machine fait passer les anneaux dans les perforations et opère ensuite leur fermeture.

ches graphiques, des œuvres d'art ou des textes. On peut ajouter ou retirer des pages à volonté. Enfin on peut relier des feuilles volantes grâce à une réglette coulissante en plastique. La réglette, de forme triangulaire et de diverses couleurs, longueurs ou épaisseurs, retient fermement les feuilles ensemble (mais les pages ne peuvent se mettre à plat). Ce procédé peut rendre service au graphiste pour un projet à présenter s'il juge nécessaire d'apporter à son visuel* un complément de détails techniques ou de matériel de recherche. Des couvertures plastifiées ou en acétate contribuent à donner à la brochure une apparence homogène et satisfaisante.

FABRICATION D'UN LIVRE EN BLANC*

Le graphiste fabrique le contenu d'un livre en blanc à peu près de la même manière qu'il prépare une illustration pour l'impression. Il utilisera pour les pavés et les titres un texte réel ou un transfert de texte fictif et pour les illustrations, des bromures* noir et blanc ou des photos couleur. Dans l'idéal, l'intérieur du livre devrait contenir des double-pages sans aucun relief, car si on ajoute par collage trop d'éléments (textes et images) à un livre déjà relié, on risque de forcer la reliure. Afin de réduire l'épaisseur il est conseillé de faire des photocopies des montages ; on peut, de plus, ajouter par transfert à la photocopie des titres en couleur ainsi que les tirages noir et blanc ou couleur. Il est possible de réduire encore l'épaisseur des documents visuels en amincissant le papier.

■ **A droite.** Pour certains
projets on ne doit pas être
arrêté par la dépense. Dans
ce cas, le dessinateur devait
proposer à quelques
personnalités influentes des
plans pour un nouveau pont.
Les pages de ce rapport tapé
à la machine ont été
rassemblées sous une
couverture spéciale
commandée chez un
imprimeur.

■ **A gauche.** Au lieu de
composer un livre fictif
contenant des double-pages,
on a préféré les monter
séparément puis les relier par
le haut.
■ **Ci-dessus.** Cette double-
page a été insérée dans un
livre fictif car le client désirait
se rendre compte de l'effet
qu'elle produirait dans un
livre et voulait aussi juger de
la couverture.

Le travail en trois dimensions

Les graphistes dont la spécialité est le packaging*, les désigners spécialisés en esthétique industrielle (plastique des objets domestiques, mobilier, etc.) et les architectes ont l'habitude de travailler en trois dimensions. La plupart des graphistes n'ont pas d'expérience dans ce domaine et ne s'y sentent pas à l'aise. Ce n'est pas sans raison car savoir dessiner ou pouvoir créer des objets en volume nécessitent des aptitudes différentes. De plus, le graphiste n'a qu'une connaissance insuffisante des méthodes de construction et des matériaux de base. Le fait de travailler en trois dimensions est l'occasion unique d'élargir ses compétences et de réaliser de véritables objets. Les maquettes simples ou des prototypes de packaging* à présenter au client ne sont pas particulièrement difficiles à faire. C'est seulement pour l'impression finale d'un projet ou pour des études de conditionnement complexe que le graphiste pourra avoir besoin des compétences d'un spécialiste ou d'un maquettiste professionnel, ceci étant dû au fait qu'il ne participe pas directement au design du conditionnement qui est en général choisi parmi des modèles conventionnels.

■ **Construction d'une boîte en carton de forme simple.**

1 On dessine sommairement à main levée les contours de la boîte pour déterminer l'emplacement des diverses surfaces. Le plus pratique est de démonter une boîte pour voir comment s'agencent ses divers côtés. Il ne reste alors qu'à adapter les dimensions à ce que l'on veut.

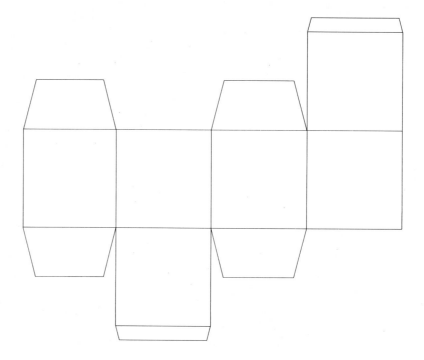

1

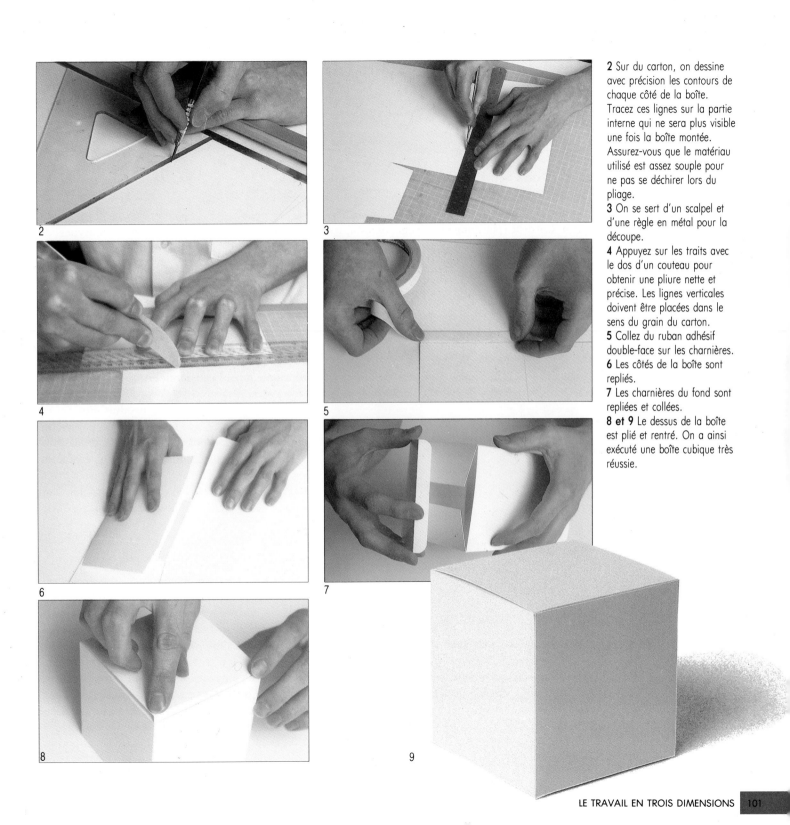

2 Sur du carton, on dessine avec précision les contours de chaque côté de la boîte. Tracez ces lignes sur la partie interne qui ne sera plus visible une fois la boîte montée. Assurez-vous que le matériau utilisé est assez souple pour ne pas se déchirer lors du pliage.

3 On se sert d'un scalpel et d'une règle en métal pour la découpe.

4 Appuyez sur les traits avec le dos d'un couteau pour obtenir une pliure nette et précise. Les lignes verticales doivent être placées dans le sens du grain du carton.

5 Collez du ruban adhésif double-face sur les charnières.

6 Les côtés de la boîte sont repliés.

7 Les charnières du fond sont repliées et collées.

8 et 9 Le dessus de la boîte est plié et rentré. On a ainsi exécuté une boîte cubique très réussie.

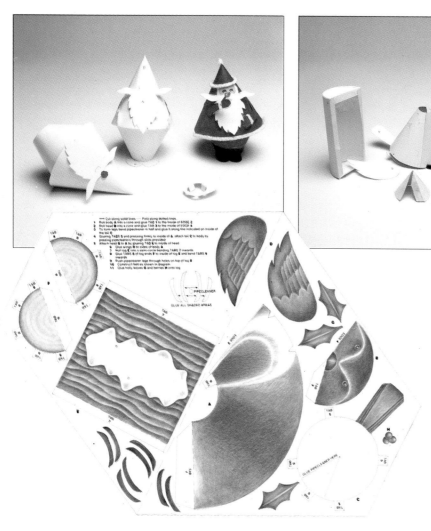

A gauche. Selon le cahier des charges, il s'agissait de réaliser en volume des décorations de Noël assez simples pour être montées par des enfants. Le dessinateur a conçu deux modèles différents et pour les montrer au client il les a complétés avec une planche à l'échelle de l'un des deux modèles en question.

Ci-dessus. Le modèle de cette bûche de Noël avec un rouge-gorge a été très minutieusement exécuté en carton. On a ajouté les instructions pour montrer au client la simplicité du montage.

et les revêtements métalliques seront imprimés en flexographie* (certaines machines peuvent imprimer jusqu'à six couleurs). Avec ce dernier procédé, la qualité d'impression des détails est médiocre. Le matériau du produit fini serait l'idéal, mais on se sert en général de papier ou de carton, de bouteilles et de boîtes métalliques de forme identique à celle du produit étudié et de carton-plume*. Le papier et le carton sont très maniables et peuvent aussi bien servir pour les surfaces planes que pour les cylindres ou les cônes.

DÉFINITION D'UN PROGRAMME DE RECHERCHE

Le client a généralement une idée assez précise du genre de conditionnement qui lui paraît le mieux adapté à son produit. Il fournira souvent au graphiste des renseignements précis destinés à l'aider dans sa recherche d'un matériau conforme à l'étude de marché qu'il a fait effectuer au préalable : clientèle cible pour son produit, fréquence d'achats, performance des concurrents, etc. Enfin, vous serez informé du montant limite du budget. Tous ces problèmes de base devront être examinés avec attention avant même la première esquisse.

MATÉRIAUX UTILISÉS POUR LE PACKAGING*

Les matériaux de base couramment utilisés pour le packaging* sont le papier, le carton, le verre, le métal et les plastiques de toutes sortes. Le matériau choisi détermine la méthode d'impression à utiliser et celle-ci, en retour, influence le design.

On imprime, le plus souvent, les cartons et les étiquettes en offset sec* tandis que les films

Une fois les premiers croquis réalisés et, éventuellement, une maquette simple approuvée par le client, le graphiste travaillera à la mise au point des roughs et des modèles à l'échelle et aux dimensions exactes du packaging* prévu. Pour les projets importants, il peut arriver qu'on lui demande d'étudier une P.L.V.* en volume, aux dimensions réelles ou, au contraire, à échelle réduite. Pour les salons, les stands ou les accessoires destinés à apparaître dans une publicité filmée (spots publicitaires pour la télévision) on utilise des maquettes reproduisant « en trompe-l'œil »* le produit qui sera mis en vente ultérieurement. Ces dernières devront être réalisées avec un soin particulier et pourront même avoir un aspect plus séduisant que le projet initial. Des maisons spécialisées exécutent des prototypes de très haute qualité.

CONSTRUCTIONS EN PAPIER ET MATÉRIAUX DIVERS

On associe souvent la construction en papier ou en carton aux livres comportant des images en relief et aux cartes de vœux mais elle peut être destinée à d'autres usages. Les boîtes de carton ordinaire sont relativement faciles à fabriquer dans du carton spécial pouvant être rainuré et plié

sans que sa surface ne soit abîmée. L'un des moyens les plus simples de voir comment est fabriquée une boîte est de la démonter. En mettant une boîte de mêmes dimensions à plat, le graphiste n'aura plus qu'à tracer les contours et à trouver l'échelle qui lui permettra de produire son modèle à la dimension voulue, avant de le couper et de l'assembler.

Le packaging* aura déjà été étudié et travaillé en lay-out* ou sur papier millimétré ; on peut alors choisir de dessiner directement sur la surface de la boîte ou sur des feuilles ou des films séparés. Ces feuilles pourront être collées grâce à une colle spéciale de montage appelée colle pour montages successifs. On pourra ainsi déplacer ces feuilles au cas où il y aurait des modifications à apporter aux dessins, après consultation avec le client. Inutile de préciser qu'il faut dessiner ou coller les dessins sur la boîte après l'avoir démontée, ce qui permet de travailler à plat.

Les structures articulées présentent une image en relief sur un support en deux dimensions. Par exemple, quand on ouvre certains livres pour enfants ou des cartes de vœux publicitaires et pour des présentoirs. L'ensemble est fixé à l'aide de charnières ou de coins prévus dans la découpe. On peut aisément fabriquer des structures simples à relief comme spécimen pour un

■ **A gauche.** Trois éléments se détachent en relief dans ce modèle de livre-cadeau d'une conception nouvelle : la tête du buveur, son bras et le bouchon. Il n'était pas difficile de réaliser une maquette. En revanche, pour le modèle final qui, lui, devait être produit en de nombreux exemplaires, le graphiste a eu recours aux services d'un spécialiste.

■ **A gauche.** Ces deux formes de boîtes ne présentent aucune difficulté d'exécution. La plupart des boîtes sont conformes à une structure de base simple, mais, en cas d'hésitation, il suffira de défaire une boîte déjà montée et de s'en servir comme modèle.

■ **A droite.** Il n'est pas compliqué de construire un cylindre, néanmoins pour gagner du temps, il suffit de prendre un boîte de conserve de la dimension voulue et de l'habiller en appliquant dessus le dessin exécuté sur papier.

projet à présenter ; elles sont très appréciées pour les cartes de vœux promotionnelles et pour les brochures publicitaires (dans l'immobilier par exemple). Elles nécessitent l'aide d'un spécialiste car elles comportent de multiples languettes destinées à faire bouger verticalement ou latéralement certaines parties de l'image. Le coût de production d'une construction complexe est toujours élevé, mais en ce qui concerne les produits de luxe, le prix ne constitue pas un obstacle réel. En revanche, dans les autres cas, il faudra en tenir compte. Il est évident que les présentoirs doivent être assez résistants car ils sont parfois malmenés par les clients ; ils doivent, en outre, être assez simples pour être fabriqués avec du carton ordinaire.

On peut évidemment donner au papier ou au carton toutes sortes de formes comme le montrent les illustrations de boîtes ci-contre. En fait, il est rare de demander au graphiste de réaliser un emballage de forme nouvelle, il est cependant intéressant de noter la simplicité de ces structures souvent exécutées d'un seul tenant sans aucune séparation, ce qui rend l'assemblage de la boîte particulièrement facile.

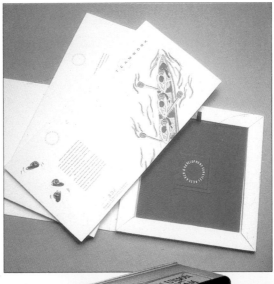

■ **Extrême gauche.** Ces boîtes de biscuits surgelés ont un couvercle détachable. Les premiers roughs* réalisés au crayon de couleur (à droite) ne diffèrent pas beaucoup du modèle finalisé.

■ **A gauche.** Pour présenter au client cette petite brochure placée dans une jolie boîte de carton, on a collé les pages sur un mince carton-plume. Conçue à l'intention de clients importants, cette boîte a donné à la brochure une présentation attrayante.

MAQUETTES EN PAPIER ET EN CARTON

On peut fabriquer des cylindres et des cônes en papier ou en carton pour imiter les boîtes de conserve, les bombes-aérosols ou les objets de petite taille (par exemple, les crayons, les marqueurs, les produits cosmétiques : bâtons de rouge à lèvres ou crayons à yeux). On dessine alors une image sur papier ou sur bristol fin que l'on colle autour de l'objet avec un adhésif ordinaire ou avec du scotch. D'autres dessins pourront compléter l'ensemble lors de la présentation des premières recherches.

MATÉRIAUX DE SYNTHÈSE

Il est impératif qu'un récipient soit résistant, rigide et possède une certaine épaisseur. Les matériaux qui conviennent le mieux sont sans doute le bois, le métacrylate* (altuglas), le polystyrène et le carton-plume* dont en outre les surfaces se prêtent bien à recevoir des illustrations. Le carton-plume est un matériau particulièrement utile car il offre de nombreuses possibilités et existe en diverses épaisseurs. On peut l'employer pour réa-

■ **Ci-dessous.** Le rough* dessiné sur calque au marqueur a été collé sur une boîte avec du ruban adhésif transparent (à droite). Pour la version finalisée le dessin a été considérablement modifié.

■ **Construction d'une pochette en plastique transparent.**

1 On réalise un croquis en indiquant bien les mesures.

2 On dessine avec précision le plan en traçant des traits parallèles et en s'aidant d'un traceur pour les courbes des anses. On ne doit pas dessiner directement ce plan sur acétate sauf dans le cas d'un plastique non transparent sinon il risque d'apparaître.

3 On place l'acétate* sur le plan en le fixant à l'aide de ruban adhésif et on prépare les pliures en se servant de l'envers d'une lame de scalpel.

4 et 5 Une règle métallique et un scalpel permettent de découper l'acétate en suivant les contours. La lame du scalpel doit être bien aiguisée pour effectuer une coupure nette.

6 et 7 On retire l'acétate du plan pour bien marquer les pliures (utilisez l'envers d'une lame et une règle métallique).

8 On replie légèrement et avec précaution chaque côté.

9 On colle sur les charnières du ruban adhésif double-face. On en retire le papier protecteur à l'aide d'un scalpel pour éviter les traces de doigts qui pourraient apparaître par transparence.

10 à 12 On monte la pochette.

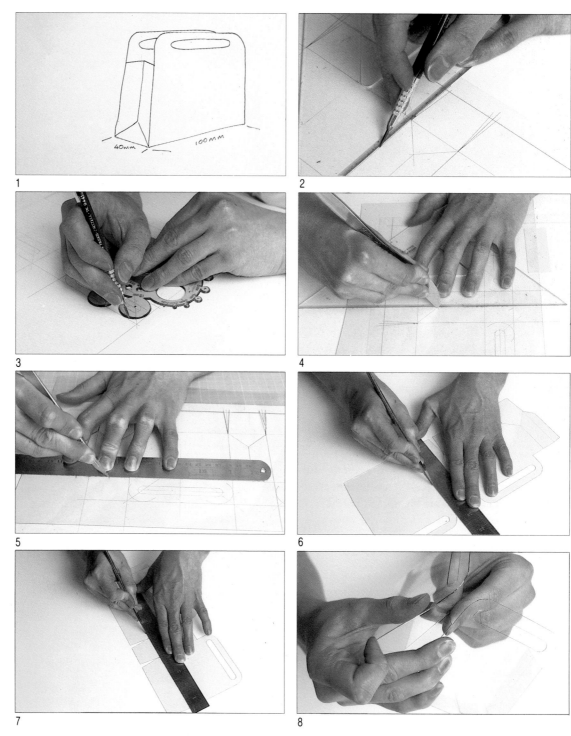

9

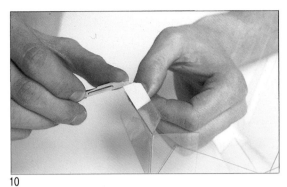

10

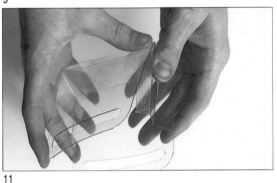

11

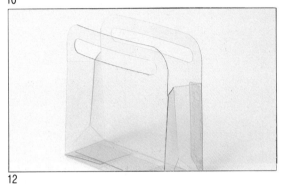

12

■ **Ci-dessous.** Cette maquette en plastique convient parfaitement pour un présentoir de pots de peinture. On s'est servi de transferts pour les lettres, les teintes et les couleurs des pots de peinture. En revanche, les titres et le texte figurant sur le carton ont été dessinés à la main.

liser des cadres de présentation, on peut le couper et lui donner diverses formes, certaines relativement simples comme celle, par exemple, d'un grille-pain électrique ou, au contraire, plus complexes comme celle d'une automobile. Les magasins spécialisés en arts graphiques vendent des kits de modelage qui, en fonction du travail à exécuter, vous fourniront un procédé facile pour imiter des objets entiers ou certains de leurs éléments.

STANDS ET P.L.V.*

Bien que les stands d'exposition ou les P.L.V. ne fassent pas partie du travail habituel du graphiste, il est fréquent que le client lui demande sa collaboration dans ces domaines. Les graphistes qui se spécialisent dans l'architecture de stands sont naturellement capables d'interve-

1

2

3

4

5

6

7

■ Emballage à partir d'une illustration.

Cette boîte a été construite à la main d'après une image. Le client désirait, en effet, en présenter un modèle à ses gérants.

1 Divers repères indiquant l'emplacement de la coupure ont été placés sur l'endroit de l'image pour permettre un bon montage ; avec la pointe du scalpel, on a par endroits fait de petits trous le long des lignes tracées sur l'image imprimée. On retourne celle-ci et en se repérant grâce aux incisions, on trace les lignes où seront pratiquées les coupures et les pliures. Enfin on exécute les coupures prévues.

2 et 3 On accentue les lignes de pliure avec le dos d'une lame avant de plier les côtés (en utilisant une règle).

4 L'image est repliée de façon à pouvoir couper les anses ensemble et obtenir ainsi une bonne symétrie.

5 et 6 Les fenêtres sont découpées ; au verso, et avant de coller la boîte, une feuille d'acétate est collée sur les fenêtres avec du ruban adhésif double-face.

7 Avant de posséder le modèle finalisé, le client a pu ainsi présenter à ses gérants ce modèle fictif pour qu'ils aient une meilleure idée du nouveau produit.

■ **Ci-dessus.** Pour cette boîte de crème solaire, le dessinateur a dû d'abord exécuter cette illustration. Le client avait demandé un thème tropical. Le dessin initial (ci-dessus) a été retravaillé pour donner le dessin de droite qui a servi de base au projet.

■ **A gauche.** On a réalisé divers lay-outs* pour illustrer les côtés des boîtes puis certains de ces dessins ont été sélectionnés. Pour les présenter, on a exécuté deux emballages fictifs. L'image plus classique a servi à la première boîte, l'autre, de facture plus libre, à la deuxième. Finalement c'est le client qui a dû choisir.

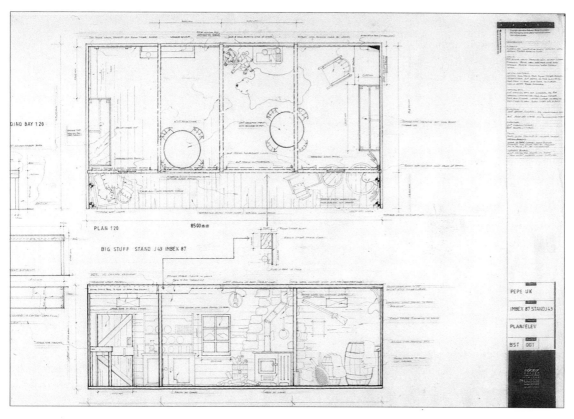

nir dans la plupart des cas mais quelquefois le client préfèrera s'adresser à un studio qu'il connaît. Le graphiste aura alors la possibilité de traiter avec ce studio ou de collaborer au besoin avec un spécialiste qu'il connaît personnellement.

Les espaces réservés aux expositions sont généralement des lieux ouverts ou bâtis. Les structures préfabriquées sont montées sur une estrade carrée ou rectangulaire. Elles sont séparées des autres stands par l'arrière et les côtés mais restent ouvertes à l'avant. Un espace ouvert, en raison de sa plus grande superficie, sera plus onéreux. Il comporte, en principe, une estrade équipée de certaines commodités comme l'eau courante. Cette formule de location d'espace laisse place à une certaine créativité en fonction de l'étendue et de l'aspect de la surface. Si le graphiste propose une structure de forme inhabi-

tuelle, à construire sur mesure, les frais seront particulièrement élevés parce que vraisemblablement il devra faire appel à un spécialiste.

Au lieu de proposer une idée originale, le graphiste peut suggérer l'utilisation d'une formule modulaire ou d'un kit ou encore une combinaison des deux. Dans le cas d'un stand en kit, le graphiste se sert de panneaux préfabriqués et d'éléments divers complétant l'espace qui lui est attribué. Cependant si le budget est relativement important, on peut intégrer à ce genre de stand des éléments apportés par le client lui-même et ajouter des vitrines de location.

Le graphiste, en général, se préoccupe des surfaces à illustrer conformément à l'architecture du stand ; la décoration revêtira un aspect à la fois pratique et créatif. La première question à laquelle il doit répondre est la suivante : quel message le client désire-t-il transmettre par l'image ? La seconde question sera de savoir comment transmettre le mieux possible ce message aux visiteurs de l'exposition qui passeront devant le stand ou s'y arrêteront.

On doit également réfléchir à la question de la circulation des visiteurs. Une installation en étoile est plus engageante pour des visiteurs occasionnels tandis que des stands séparés conviennent mieux à une attention plus soutenue. On doit prendre en considération des questions d'ordre pratique telles que largeur des allées et leur quantité, prévision de lieux de réunions privées, choix du mobilier, installation d'éléments de rangement, etc. Tout cela doit être étudié et représenté sur rough avant d'être inclus dans le projet final. Il faut également prévoir les revêtements de murs et de sols ainsi que les décorations, les affichages et les panneaux de signalisation. Des moquettes confortables et des plantes seront en mesure de remédier, par une note gaie, à l'austérité du stand. Les lettres en relief et l'éclairage peuvent contribuer à faire ressortir certains éléments clés.

Comme l'architecte, le graphiste doit d'abord montrer sur ses roughs* le plan et les élévations avec leurs proportions. Les dessins en perspective ou sur lignes parallèles rendent aussi service de ce point de vue. S'il n'est pas encore nécessaire de construire un modèle à l'échelle, ceci le deviendra ultérieurement lorsque le projet sera plus avancé. S'il s'agit d'un travail important, il est préférable de s'adresser à un professionnel qui fabriquera un modèle avec les matériaux indiqués ou pourra en faire une bonne imitation. On peut aussi trouver chez les fournisseurs de matériel pour architecte et dans certaines boutiques des modèles réduits et des figurines représentant de la végétation, du mobilier, des personnages, etc. (les constructeurs professionnels de maquettes exécutent d'habitude leurs modèles à une échelle réduite. Celle-ci mesure souvent entre 190 cm et 30 cm). Rendez l'aspect fini du modèle

en plaçant des matériaux texturés sur les surfaces et en incorporant les éléments figurant les étalages ainsi que les motifs de décoration des murs.

Les stands mobiles consistent, en général, en une série de panneaux aisément démontables sur lesquels sont montés les éléments graphiques. Ces panneaux offrent l'avantage d'être fonctionnels, bien faits et faciles à monter. Ce système a un intérêt particulier du fait que le matériel d'exposition itinérante doit souvent être assemblé par des gens n'ayant pas encore vu l'exposition et qui ignorent donc l'aspect qu'elle doit prendre. Pour des projets à présenter, les roughs suffisent à montrer l'esthétique envisagée pour ces panneaux ainsi que les différentes manières de les assembler. On peut fabriquer, au besoin, un modèle très simple en papier ou en carton pour montrer l'agencement des panneaux.

■ **Ci-dessus.** Le croquis supérieur donne une idée de la décoration des murs du stand et l'illustration réalisée au marqueur montre comment finalement il se présentera. Les questions de détails notées sur l'esquisse seront discutées avec le client lors de la présentation.

Finitions

Lorsque les visuels d'un projet donné sont terminés, on doit les présenter. Certains peuvent faire seuls l'objet d'une présentation, par exemple, les modèles de packaging*, les volumes ou encore les couvertures de livres. Pour les illustrations, on a avantage, pour diverses raisons, à

réaliser un montage. Ce choix se justifie, en premier lieu, du fait que le dessin ressortira et qu'il s'intégrera mieux à l'image de l'entreprise. Par ailleurs, d'un point de vue pratique, il sera plus facile de protéger les supports des transferts, des collages*, des images et des calques surtout s'ils doivent être manipulés souvent par le client ou ses collaborateurs.

Avant de commencer les esquisses, on doit déterminer comment présenter concrètement le travail. En fait, la présentation des visuels* est partie intégrante de la commande au même titre que les visuels eux-mêmes car des facteurs comme le montage, le type de papier ou de carton ou le support utilisés peuvent exercer une influence déterminante dans le cours du travail. Par exemple pour une lettre, un en-tête peut paraître ordinaire ou non selon qu'il est présenté seul ou placé sur un fond qui le met en valeur.

Les choix dépendront en grande partie du client et de son appréciation des solutions apportées par le graphiste aux divers problèmes. Plus le client a des goûts simples en matière d'image, plus il est important de faire des montages pour lui présenter les visuels*. La finition, tout en n'ajoutant rien aux qualités de base du dessin, contentera le client et le lui fera apprécier. Pour cette raison, certaines esquisses ont besoin d'être présentées d'une manière attrayante pour être acceptées tout simplement parce qu'une telle présentation correspond à l'attente du client. Des dessinateurs manquant d'expérience négligent souvent cet aspect et sont ensuite désappointés par le défaut d'enthousiasme du client devant un dessin, aussi brillant soit-il.

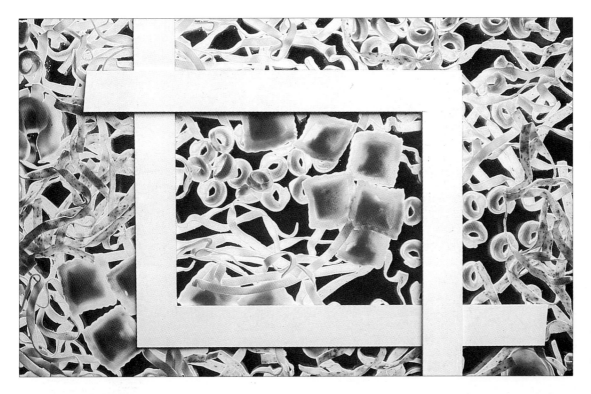

■ **A gauche.** Cette fenêtre découpée en forme de L facilite la détermination du bon cadrage d'une illustration. Comme elle peut être réalisée dans des chutes de carton, elle n'entraîne aucun frais. Fabriquez-en de tailles et de teintes différentes de manière à permettre un choix. La photo de cet exemple devant être reproduite dans un livre de cuisine, la fenêtre en L a permis de déterminer la partie que l'on conserverait.

Les esquisses finales peuvent être montées sur des planches protégées par des calques, encadrées avec ou sans passe-partout et placées dans des cartons à dessin, des « press-book »* ou collées de différentes manières. On peut utiliser, pour toutes ces opérations, les techniques traditionnelles et les divers matériels disponibles sur le marché.

MONTAGE DE VISUELS*

Les encadreurs possèdent une grande variété de papiers destinés à la présentation et, évidemment, ils monteront et encadreront vos dessins selon des standards de haute qualité, opération qui entraîne des frais assez élevés. En revanche, présenter soi-même des lay-outs* est relativement facile et peu coûteux. La méthode la plus simple est celle qui utilise une fenêtre en carton prédécoupé ou passe-partout. Il s'agit de carton épais recouvert des deux côtés de papier à surface lisse, généralement noir, blanc ou gris qui permet de faire ressortir les couleurs des images, donc de les mettre en valeur. Il existe aussi une grande variété de papiers de couleur, certains ayant une surface glacée idéale pour figurer des emballages. On trouve maintenant sur le marché des planches de carton-plume, légères et rigides, recouvertes de chaque côté de papier blanc lisse. On les coupe facilement dans toutes les formes désirées et elles servent donc fréquemment pour exécuter des prototypes.

Il faut, lors de montages de visuels, se rappeler le point suivant : lorsqu'on place le dessin au centre de la fenêtre, le dessin semble, par une illusion optique, plus bas qu'il n'est en réalité. Cette illusion peut être rectifiée si l'on décale le dessin légèrement vers le haut. Il est important de bien découper la fenêtre ; on obtient les meilleurs résultats en coupant les différentes épaisseurs

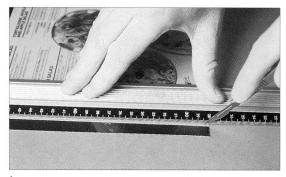

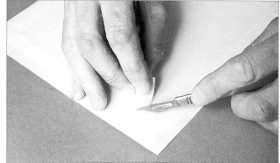

1

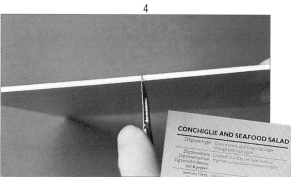

3

4

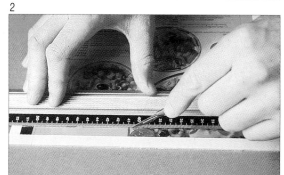

5

6

1 C'est un dispositif qu'on utilise lorsque les marges ne sont pas nécessaires et que l'illustration doit cependant être présentée sur un support rigide. Placez l'image sur la feuille de carton en ajoutant 10 mm tout autour. Marquez les repères de coupe sur l'endroit, à l'aide d'un scalpel et d'une règle.

2 Retournez l'image et collez du ruban adhésif double-face le long des bords, retirez la bande de protection de l'adhésif.

3 Faites correspondre les repères de coupe carton/image et collez l'image sur le carton. Utilisez un calque pour protéger et éviter les traces de doigt.

4 Avec une règle métallique et un scalpel marquez les repères avant d'inciser le long des côtés.

5 Faites de légères incisions successives sur chaque bord, ce qui rendra les coupes plus nettes.

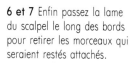

de carton ensemble. A moins d'utiliser les plaques de carton-plume* (qui se découpent au scalpel) on doit se servir d'un bon massicot ou d'une cisaille ou bien encore d'un cutter et couper le long d'une règle de métal à défaut d'autre matériel plus approprié. Il existe des cutters spéciaux qui coupent les bords droits ou en biseau ; on retire ensuite les « barbes » au scalpel.

6 et 7 Enfin passez la lame du scalpel le long des bords pour retirer les morceaux qui seraient restés attachés.

7

1

2

3

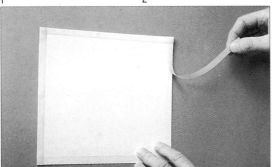

4

5

6 Mesurez la largeur de bordure désirée. Faites en haut et en bas des marques légères au crayon. L'aspect final sera meilleur si vous laissez une marge inférieure plus large.

7 et 8 Faites ce qui est indiqué aux nᵒˢ 5 à 7 de la page précédente et nettoyez la surface.

■ **Montage avec bordure.**

1 Comme pour le montage à fond perdu, marquez les repères de coupe sur l'endroit.

2 Placez du ruban adhésif double-face à l'envers du carton de montage mais ne retirez pas le papier protecteur.

3 A l'endroit, coupez le long des repères en vous arrêtant juste avant le bord inférieur et retirez ce qui dépasse.

4 Retirez le papier protecteur de l'adhésif au dos de l'image.

5 En laissant une marge suffisamment large pressez fortement.

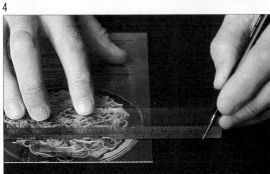

6

7

8

La colle en bombe aérosol est actuellement la plus couramment utilisée. Elle est particulièrement pratique pour les visuels de forme irrégulière. Malheureusement, il arrive que des particules atomisées soient inhalées et pénètrent dans les poumons. Pour pallier cet inconvénient, il est conseillé d'acheter un masque protecteur surtout en cas d'emploi répété d'adhésifs en aérosol. Il existe d'autres colles, par exemple la colle « Gutta » et la cire qui, toutes les deux, comme l'adhésif à faible adhérence, permettent de repositionner des dessins. Le scotch double-face est également un bon outil pour le carton et le papier épais bien que, dans ce cas, il soit difficile de repositionner les images.

Des considérations esthétiques déterminent le choix du montage et de la couleur ; il faut aussi veiller à laisser assez de place pour d'éventuelles annotations. Le montage de plusieurs illustrations, surtout si elles sont de formes et de dimensions différentes, nécessitera un soin particulier ; sans quoi la planche peut paraître mal construite et donner l'impression d'un travail d'amateur. Au besoin, on peut placer toutes les images d'une même série sur le même niveau.

Les projets présentés doivent tous comporter le nom du concepteur qui apparaîtra sur une étiquette auto-adhésive. Cette étiquette étudiée spécialement par le créateur fait office d'image de marque et d'emblème. La raison sociale du studio de création et ses conceptions esthétiques figurent dans cet emblème. Chaque étiquette doit en principe comporter le nom du studio et son adresse, le nom du client, le nom du projet ou sa description et l'objet sur lequel il figurera. On peut, à l'occasion, ajouter si on le désire la date de présentation du projet et prévoir une ligne pour que le client signe et date l'accord. Ces diverses précisions peuvent être portées au verso du projet si on juge qu'elles prennent trop de place ou qu'elles sont trop voyantes au recto.

Le montage à cadrage sélectif s'avère souvent nécessaire lorsqu'il s'agit de présenter le pro-

1

2

3

■ **Montage « en creux ».**
Ce type de montage convient bien à la présentation de photos. Celles-ci sont incrustées dans l'épaisseur du carton, ce qui leur donne un aspect professionnel et empêche que les coins ne s'abiment lorsque les photos passent de main en main.

1 Couper la photo aux dimensions requises en utilisant un cadreur pour obtenir des coins bien nets. Prenez un morceau de carton d'épaisseur adéquate et de dimension supérieure à celle de l'image (+10 mm). Placez l'image sur le carton et tracez les contours au crayon.

4

5

2 Trempez le dos de la photo dans du cleaner* et décollez la couche inférieure.

3 A l'aide d'une règle métallique et d'un scalpel incisez le long des traits de façon à ne couper que la couche supérieure du carton. Trempez cette surface dans du cleaner et décollez cette couche.

4 Posez du ruban adhésif double-face sur l'envers de la photo. Retirez le papier de protection et collez la photo dans le creux du carton.

5 Mesurez la marge que vous devez laisser, marquez-la au crayon et coupez.

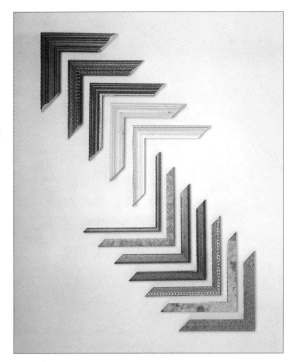

jet final. Cependant, si on doit exécuter une série de montages « à fenêtre », il n'est peut-être pas beaucoup plus coûteux de les confier à un encadreur professionnel.

Pour le montage « à fenêtre », il est indispensable d'isoler d'abord l'image à encadrer à l'aide de quatre bandes de bristol ou de carton pour composer le tableau. Tracez des repères au crayon à mine tendre au bord du tableau et suivez les diverses étapes indiquées ci-dessous pour découper la fenêtre. Un bord biseauté (coupé à 45°) donne un aspect plus professionnel qu'un bord droit. Pour couper une fenêtre ronde ou ovale, reportez-vous au troisième chapitre où vous sont expliquées les étapes à suivre pour dessiner des ellipses et des cercles. Du ruban adhésif suffit en général à maintenir en place le dessin ou l'illustration dans la fenêtre et permet, en cas de modifications, de les retirer facilement.

Si on ne renforce pas le dos du dessin, il risque de s'abîmer surtout si on le manipule sou-

vent. Dans ce cas, il faudrait le protéger à l'aide d'une plaque de verre ou de plexiglas et retenir le tout ensemble dans un cadre de bois ou de métal. On trouve chez les fournisseurs pour artistes et dans les grands magasins, des kits pour encadrer soi-même ses dessins et si on adopte cette méthode, la dépense entraînée par l'encadrement de visuels en vue de les protéger pour les présenter sera minime. On peut acheter des cadres de bois ou de métal qui seront coupés aux dimensions voulues ; on trouve, de plus, des pinces de toutes sortes pour maintenir les plaques de verre ou de plexiglas, ce qui facilite grandement le travail. Il existe aussi des coffrages de divers types permettant d'encadrer les objets à trois dimensions (leur profondeur est généralement de 5 cm) ; ils présentent cependant un inconvénient : les objets doivent être très solidement fixés au fond sur le support rigide sinon il peut arriver que l'humidité déforme le papier maintenu dans le cadre.

■ Ci-dessus. On encadre rarement un projet à présenter au client car il arrive fréquemment d'avoir à le retoucher. Cependant, c'est une bonne idée d'exposer sur les murs du studio certains de vos projets les mieux réussis car ils seront susceptibles de créer une impression favorable sur les clients qui viennent vous voir.

1

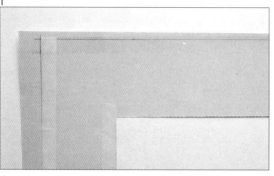

2

3

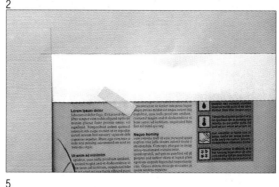

4

5

5 Placez l'image sur la surface de montage et retirez le papier protecteur sur le bord supérieur de la fenêtre. Placez les coins sur les repères et appuyez. Retirez alors les autres papiers de protection et positionnez la fenêtre. Pressez des bords internes vers les bords externes.

■ **Montage en fenêtre.**
1 Carton léger ou moyen pour le passe-partout, papier épais ou papier à couverture, carton plus épais pour le fond.
2 Posez l'image sur le carton et le papier que vous couperez ensemble en laissant une marge d'au moins 10 mm.
3 A l'envers de la fenêtre vous mesurerez la surface à retirer et la largeur nécessaire à la marge. Faites de petits trous aux quatre coins avec la pointe d'un compas ou avec une épingle. Coupez la fenêtre sur l'endroit.
4 Collez du ruban adhésif double-face sur les bords de la fenêtre et sur les bords extérieurs de la marge.

De nombreux graphistes sont obligés de s'adresser à un professionnel qui fera leurs cadres sur mesure surtout lorsqu'il s'agit de formes inhabituelles. Il faut alors donner des indications claires et précises en effectuant la commande, les encadreurs ayant tendance à suivre des modèles courants. Pour le montage, précisez les couleurs et éventuellement les types de papier ou de carton désirés.

Pour la majorité des encadrements, on se sert d'une plaque de verre que l'encadreur coupe aux dimensions ou que vous ferez couper vous-même. Lorsqu'un dessin de grande taille ou une série de dessins doivent être transportés, il convient d'utiliser du plexiglas. Plus cher que le verre, il est néanmoins plus léger, plus souple, cause moins de risques et existe en différentes épaisseurs pouvant être coupées à la mesure demandée.

MONTAGE DE FILMS ET DE DIAPOSITIVES

On peut acheter dans les magasins de matériel photographique des cadres en carton noir pour présenter individuellement les diapositives de dimension standard et des feuilles de plastique rigide pour présenter des séries. La plupart des graphistes préfèrent se les procurer plutôt que de les faire eux-mêmes et si elles sont accompagnées d'inscriptions adéquates, elles peuvent parfaitement s'intégrer au projet lui-même. On trouve également des pochettes en plastique transparent mais, bien qu'elles soient pratiques, il vaut mieux ne les utiliser que pour les toutes premières présentations car elles sont assez ordinaires et ne mettent pas le travail en valeur. Monter ses propres diapositives ne présente pas de difficulté

Utilisation de montage épais.

Il existe des supports épais constitués de couches de mousse de polyuréthane placées entre deux feuilles de carton mince, mais les bords et les coins ont tendance à s'abimer. Recouvrez donc de papier le support (contre-collage)*.

2

Mesurez les dimensions voulues. Tenez le scalpel à la verticale pour obtenir une coupure nette.

Inscrivez des repères sur l'envers du papier avant de découper en prévoyant une marge de 5 cm.

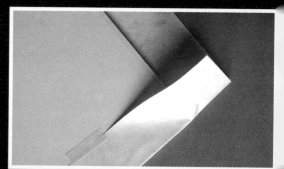

3

4

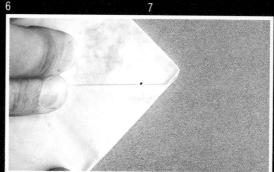

5

6

7

Posez du ruban adhésif double-face à cheval sur le bord extérieur du support.

Retirez le papier protecteur et après avoir fait correspondre les bords et les repères du papier, repliez les bords du papier et fixez-les avec du ruban adhésif.

5 et 6 Faites un coin.

7 Répétez l'opération pour les autres côtés.

8 et 9 Regardez à l'envers pour vous assurer que le coin est bien plié. Fixez le papier avec du ruban adhésif et répétez l'opération pour les autres coins. En dernier lieu, posez du ruban adhésif double-face sous les bords pour maintenir le papier.

Quel que soit le montage, il
vous faut protéger vos projets
avec un papier fixé à la partie
supérieure du dessin. Un
papier épais, de préférence
mat, convient parfaitement ; il
évite traces de doigts et
rayures. Choisissez un papier
dont la couleur s'accordera à
celle du montage ou du fond
de l'illustration. Le papier de
protection est fixé par le
haut ; s'il s'agit d'un travail
de petite dimension, il sera de
préférence fixé sur le bord
gauche.

particulière ; ce sera utile dans le cas où l'on désire
cacher une partie d'une diapositive ou si l'on doit
disposer sur le même support des diapositives de
taille différente. Il faudra alors les disposer de
façon attrayante et homogène en utilisant une
même planche ou une même couleur comme pour
le montage des autres travaux.

CLASSEUR ET PRESS-BOOK*

Il existe, dans les magasins de matériel artistique, divers types de press-book dont la plupart
des graphistes font usage. Celui qui convient le
mieux aux présentations doit être rigide, en plastique ou en cuir ; une reliure à anneaux main-

1 Prenez une feuille de 50 à
100 mm de plus que l'image
et prévoyez une marge égale
au 1/5 de l'image. Tracez
cette ligne sur le bord
supérieur en vous servant
d'une règle en métal et du
dos d'un scalpel.
2 Placez l'illustration à
l'envers en faisant
correspondre son bord
supérieur avec la ligne
marquée au scalpel puis
repliez le papier.
3 Posez du ruban adhésif
double-face sur le bord du
papier de protection et retirez
la bande de papier du ruban.
4 et 5 Retournez l'image et
appuyez sur la feuille de
protection pour la coller.

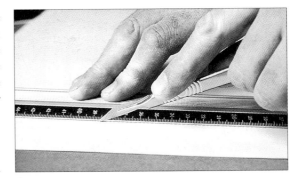

1

2

3

4

5

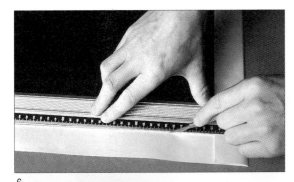

6

7

8

6 Coupez les bords de la feuille protectrice aux dimensions de l'image.
7 Avec un crayon, tracez un repère à 5 mm du bord inférieur de la feuille.

8 Placez la règle sur une diagonale allant du bord du coin supérieur jusqu'au repère indiqué précédemment et coupez.

tient les feuilles de plastique double protégeant les visuels. Ces press-book sont en général munis d'une fermeture et un dos articulé permet de les ouvrir complètement à plat pour mieux présenter les dessins. Certains, plus sophistiqués, peuvent aussi bien être placés à plat que verticalement, devenant ainsi de petits « chevalets » ; cet aspect est très pratique si l'on souhaite montrer ses projets à un groupe de personnes. On trouve des chemises, des classeurs et des livres de couleur variée et de matériaux divers. On peut créer soi-même un classeur pour une occasion spéciale comme pour présenter un projet donné ; on le réalisera dans la même couleur que les planches et les supports des visuels.

Les classeurs et les press-book sont particulièrement utiles quand le dessinateur doit laisser du matériel chez le client. S'il s'est, par exemple, servi de visuels de grandes dimensions, il pourra en faire des réductions et glisser des copies dans un de ces classeurs préservant ainsi ses pré-

■ **Ci-dessus.** Il existe des portfolios de forme et de dimensions variées. Celui-ci est extrêmement pratique pour des présentations de projets. Il est portatif et peut être posé verticalement sur n'importe quelle surface, ce qui permet au client de voir facilement les projets mis ainsi en valeur.

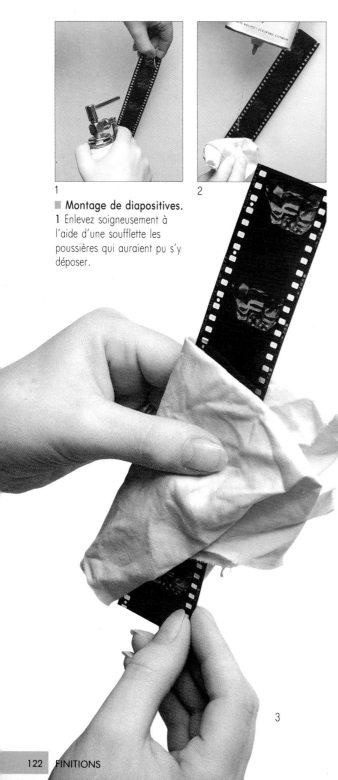

■ Montage de diapositives.

1 Enlevez soigneusement à l'aide d'une soufflette les poussières qui auraient pu s'y déposer.

2 et 3 Nettoyez ensuite la diapositive en passant sur le côté brillant un chiffon lisse, ne peluchant pas, imbibé de cleaner*. Si l'autre face nécessite aussi un nettoyage, assurez-vous que le chiffon ne risque pas de la rayer.

4 Introduisez vos diapositives dans les cadres à diapositives dont un côté translucide renvoie la lumière. Placez-les dans la visionneuse pour les examiner au compte-fils et indiquez au crayon les vues sélectionnées.

5 Séparez soigneusement les diapositives choisies en les coupant avec des ciseaux bien aiguisés.

6 et 7 Disposez chaque diapositive dans un cadre de montage puis scellez-les.

8 Il existe des cadres de montage de dimensions et de matériaux divers (carton, plastique etc.). Les cadres en carton sont collés avec un adhésif qui permet difficilement de retirer la diapositive (il faut alors couper le cadre avec un scalpel). En revanche, les cadres en plastique permettent de retirer la diapositive à volonté.

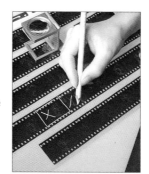

4

5

6

7

3

8

Montage en série de diapositives.

1 Prenez deux feuilles de bristol épais de la dimension voulue. Dessinez les fenêtres.

2 Servez-vous d'une règle en métal et d'un scalpel et coupez les deux épaisseurs en même temps. On doit apporter un soin particulier pour couper les coins en séparant au besoin chaque feuille.

3 et 4 Séparez les feuilles et collez une pellicule de plastique translucide sur le bord supérieur avec de l'adhésif double-face.

5 Posez une bande d'adhésif double-face sur le même côté de la feuille de bristol ainsi que sur les bords horizontaux des fenêtres.

6 Appuyez sur les diapositives pour les coller l'une après l'autre en plaçant le côté luisant dessus et insistez sur les bords pour obtenir une bonne adhérence.

7 Prenez l'autre bristol. Fixez une feuille d'acétate sur son bord supérieur avec de l'adhésif double-face puis transférez les légendes sur l'acétate* en vous servant de lettres de transfert ou, si vous préférez, utilisez un acétate déjà préparé et écrivez les légendes à l'encre de couleur.

8 Collez les deux bristols l'un sur l'autre par les bords supérieurs et inférieurs à l'aide d'adhésif double-face.

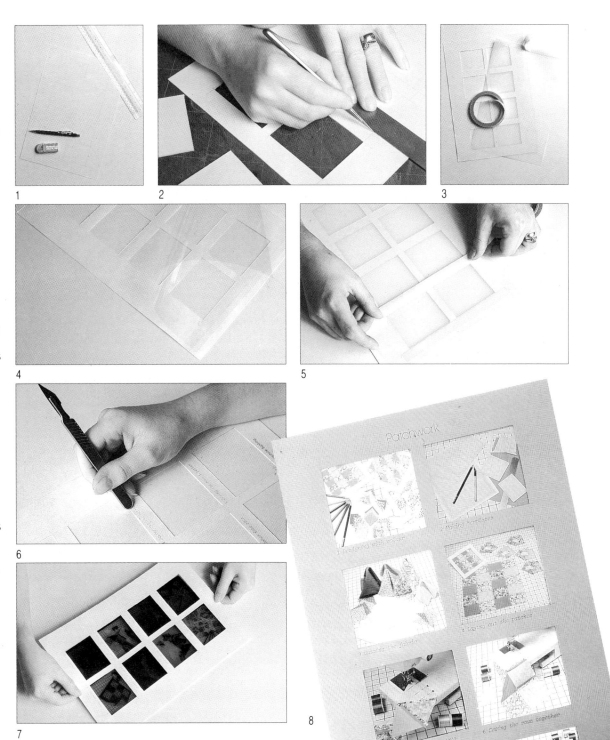

1

2

3

4

5

6

7

8

cieux originaux de l'usure ou d'un accident quelconque.

Un coffret de démonstration n'est pas aussi facile à exécuter qu'un press-book mais des maisons spécialisées peuvent s'en charger en suivant des instructions précises. Pour un travail très important, il ne faut pas hésiter à faire cette dépense. On peut acheter des boîtes en bois destinées à la présentation de projets mais leurs dimensions sont limitées et leurs formes sont classiques. Il se peut qu'on soit obligé de réaliser soi-même une boîte en utilisant du carton, du contre-plaqué ou du plexiglas (qui seront fixés avec de la colle ou du dissolvant selon le cas). Avec le plexiglas, il est recommandé de choisir une couleur unie pour que les jointures ne soient pas visibles.

Lorsqu'on veut présenter des objets dans une boîte, on a généralement besoin d'un certain type de moule (de la même forme que l'objet). Il peut être constitué de couches de mousse synthétique qui se coupe aisément à l'aide d'un scalpel ou d'un filicoupeur* chauffé à basse température. Lorsqu'il est en plastique, il peut être thermoformé, comme on en trouve dans les boîtes de chocolat. Ces moules doivent être réalisés par des professionnels à partir d'une matrice en bois. D'un coût relativement raisonnable, ils permettront une excellente présentation de l'objet placé dans sa boîte.

PROTECTION DES VISUELS*

La plupart des visuels doivent pouvoir être manipulés et si vous ne les avez pas mis sous cadre ou s'ils ne sont pas recouverts d'une plaque de verre ou de plexiglas, il est indispensable de les protéger d'une manière ou d'une autre. Le dessin au crayon ou le pastel (très en vogue pour les visuels* à une certaine époque mais presque complètement remplacés actuellement par les marqueurs) doivent être fixés avant d'être manipulés afin de ne pas être endommagés de traces de doigts. Le mieux est d'utiliser du fixatif en aérosol pour crayon et fusain. Il faut le pulvériser uni-

■ **Fabrication d'une chemise.**

1 Après avoir pris les mesures du travail à présenter, on réalise en papier un modèle de chemise. Ce modèle n'est pas collé mais simplement posé sur les visuels pour bien vérifier les mesures. Vous remarquerez qu'on a renforcé la partie à inciser avant de la couper pour éviter que le papier ne se déchire.

2 Quand le modèle a la dimension requise, on le place sur l'envers du bristol en indiquant les repères nécessaires.

3 On se sert d'une règle pour dessiner les contours et les lignes de pliure.

4 et 5 Les contours sont alors découpés et les lignes de pliure accentuées. Remarquez qu'on se sert maintenant d'une règle métallique car on ne doit jamais utiliser un scalpel avec une règle en plastique.

1

2

3

4

5

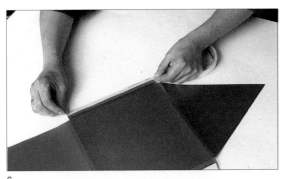

6

7

6 et 7 On fixe la chemise à l'aide d'adhésif double-face posé sur les bords.

8 Vous pourrez maintenant laisser au client vos visuels ainsi présentés dans une chemise tout en sachant qu'ils courent ainsi moins de risques de s'égarer.

8

formément en une fine couche. Une sursaturation risque de faner les couleurs et d'assombrir les tons de l'illustration. Plus simplement encore, la protection d'un travail peut se fairé à l'aide d'une jaquette de papier blanc ou de couleur, collée ou fixée par du ruban adhésif au dos de la planche et repliée sur le devant mais au cas où la planche doit subir des manipulations fréquentes, il faut chercher d'autres moyens plus efficaces de la protéger.

Les dessinateurs ont en général à leur disposition dans leurs agences des produits de fixage polyvalents pouvant être utilisés à la fois pour les visuels* et pour le matériel de transfert. Ils protègent les visuels contre les taches et les préservent lors de manipulations mais ils ne durent pas aussi longtemps que des vernis, le plus souvent vendus en aérosols, pouvant être pulvérisés couche après couche pour donner une surface protectrice mate ou brillante. Certains vernis peuvent changer les tons : il est donc conseillé de tester plusieurs marques avant de les appliquer. Un vernis particulier absorbe les radiations ultra-violettes empêchant ainsi les couleurs de vieillir ; on trouve aussi des vernis spéciaux réservés aux petites surfaces d'un objet ou aux zones peu accessibles.

L'une des protections les plus efficaces est la plastification. Ce procédé exécuté par des maisons spécialisées permet, pour un prix raisonnable, de sceller l'image entre deux feuilles de plastique souple et transparent. Au verso de l'image, on peut, à l'occasion, introduire d'autres visuels ou bien des notes. Mais si on veut mettre en valeur un des deux côtés, il faut éviter de placer un support trop épais qui ne rentrera pas dans la machine ; utilisez plutôt du papier fin, qu'il soit blanc ou de couleur. Une fois scellé, le travail est protégé de l'air et des poussières et ne semble pas subir de dommages au contact des rayons ultra-violets. Comme il est possible de nettoyer l'image, elle paraîtra toujours impeccable et aura l'aspect professionnel requis pour être présentée au client. A l'aide d'un crayon à la cire on peut

1

2

3

4

■ Plastification manuelle/Maquette pour la couverture d'un livre.

Une feuille transparente auto-adhésive est utilisée ici. Elle protège les visuels et peut être retirée aisément.

1 Montez la couverture fictive (la maquette) sur du papier ordinaire de la couleur voulue (noire dans ce cas) et posez-les sur le plan de coupe. Coupez le film auto-adhésif aux dimensions requises en laissant une marge de 25 mm tout autour et une de 5 cm de plus dans la longueur.

2 Retirez environ 5 cm du papier de protection du film et collez à même le visuel. En vous aidant d'une règle en plastique, continuez à coller le film en retirant le papier de protection au fur et à mesure. Procédez lentement afin d'éviter les bulles d'air.

3 et 4 A l'aide d'un scalpel coupez soigneusement autour des images et supprimez les bulles d'air éventuelles en les piquant avec la pointe de la lame. Puis coupez les bords, retournez la couverture et repliez le film.

inscrire des notes temporaires sur le plastique si on le désire. Cependant, la plastification ne peut réellement convenir que pour une présentation finale parce qu'une fois scellée, l'image en elle-même ne peut plus subir de modification. Le travail présenté sous plastique ne s'abîme pas même s'il passe de mains en mains (c'est le cas pour les menus de restaurant). Si votre dessin risque de subir ce type de traitement, alors choisissez cette solution.

Pour protéger les visuels* que vous devez présenter vous pouvez aussi utiliser un film transparent auto-adhésif. Ce type de film en vinyl* souple et transparent donne temporairement une excellente protection à vos visuels tout en vous laissant la possibilité d'y apporter des modifications après les avoir montrés au client. On peut le couper aux dimensions voulues et l'appliquer soi-même ; il peut ensuite être aisément décollé sans que cela abîme le visuel. Ces films à faible

adhérence ont tendance à atténuer l'éclat des couleurs mais pour les premières présentations, c'est un inconvénient mineur si on prend en considération les services qu'il peut rendre. Un film adhésif transparent destiné à protéger les visuels a le même aspect que la plastification et offre une bonne protection contre les taches et l'usure mais, une fois posé, il ne doit en principe plus être retiré car cela endommagerait la surface en dessous.

Il existe encore une autre méthode de protection temporaire : l'acétate*. Une feuille d'acétate peut être collée légèrement à la surface ou au montage du visuel. Choisissez-la en feuille à l'épaisseur voulue plutôt qu'en rouleau et coupez-la aux dimensions du dessin puis coupez une feuille de papier d'une dimension inférieure de 9 mm en longueur et en largeur à la feuille d'acétate. Posez le papier sur l'acétate en ne laissant à découvert que la bordure. Celle-ci sera alors pulvérisée avec une colle à montage en aérosol. Retirez ensuite cette feuille de papier et posez avec précaution la feuille d'acétate sur le dessin en appuyant pour la faire adhérer. On peut aussi se servir de scotch double-face pour coller l'acétate en divers points. L'acétate a l'inconvénient de s'user facilement, la protection qu'il assurera sera donc temporaire. En revanche, il offre l'avantage par rapport aux films auto-adhésifs de donner une réelle profondeur à l'image. De surcroît, il se retire facilement dans le cas où vous auriez à modifier votre dessin et il donne à votre travail un aspect très professionnel. La feuille de mélamine constitue un autre type de protection robuste et elle s'use assez lentement.

Enfin la plastification à chaud offre une méthode de protection, permanente cette fois-ci, à vos travaux. Ce procédé consiste à recouvrir la surface d'un mince film plastique, appliqué à sec et à chaud à l'aide d'une presse. La plupart des studios spécialisés exécutent ce travail pour un prix raisonnable, cependant on peut le faire soi-même en utilisant des feuilles de cellophane que l'on fera adhérer ensemble en les passant sous un fer à repasser (ne pas appliquer le fer directement, mais se servir d'un tissu à l'amiante). Cette méthode ne convient pas à certains types d'encres d'impression, aux photocopies ou à certaines peintures que la chaleur peut altérer. Les couleurs au marqueur peuvent parfois être affectées par ce procédé, aussi est-il recommandé de faire un test avant de s'engager.

Pour une protection rigide on utilisera le plexiglas qui est plus léger, plus souple et plus facile à couper que le verre et les risques sont moindres ; les dessins placés entre deux feuilles minces pourront être maintenus en place à l'aide de pinces.

CARACTÉRISTIQUES ET ÉCHANTILLONS

L'introduction d'échantillons montrant les couleurs, les textures et les matériaux qui vont servir à la réalisation du projet est un des points à considérer sérieusement au moment de présenter les esquisses ; dans certains cas, c'est essentiel et cela peut faire accepter ou, au contraire, faire rejeter le concept même du projet. Les couleurs exactes ainsi que les matériaux intéressent tout particulièrement les clients parce que ce sont des choses qu'ils peuvent voir et juger immédiatement. Les débutants négligent cet aspect, ce qui joue en leur défaveur. A moins d'avoir fait des recherches approfondies pour trouver un matériau approprié et qui soit approuvé par le client, on risque de se heurter, par la suite, à des problèmes sérieux.

Il est bien évident que le créateur de packaging doit avoir une bonne connaissance des matériaux et des techniques de fabrication et qu'il doit savoir qu'un sigle* de société gardera toujours la même couleur au cours de reproductions. On doit indiquer sur les prototypes de packaging à présenter les numéros standards pour les couleurs des sigles* de sociétés et les codes pour les encres et les papiers couleur. Il est sans doute difficile, au moment de présenter le projet, de montrer l'effet que produisent les différents matériaux mais, s'il s'agit d'un travail important, il serait bon de montrer au client des échantillons-types.

Pour le papier, on attirera l'attention du client sur l'épaisseur, la surface, le poids, la couleur, les filigranes et le grain du support. Il faut aussi présenter séparément des modèles de caractères typographiques. Lorsqu'il s'agit de dessins de mode ou de décoration pour la maison, pour lesquels des échantillons de tissus ou de fibres textiles sont indispensables, il est fondamental d'obtenir l'accord du client sur un projet précis.

Pour certains produits on aura peut-être intérêt à présenter un ou deux éléments de l'objet (par exemple, le bouchon d'une bouteille de parfum) ; là encore, il est conseillé de les faire fabriquer, s'il n'est pas possible de les reproduire parfaitement en croquis ou si le dessin risque de donner une impression insuffisante de l'objet. Si l'on doit charger un artiste ou un photographe d'un travail donné, il est conseillé de montrer quelques exemples de leurs productions au client qui doit donner son accord.

Quand il s'agit de présenter le projet, on ne saurait trop insister sur l'importance des spécifications et des échantillons fournis. Le souci que le client a du résultat final le conduit à donner la préférence aux visuels bien documentés. Tous les créateurs qui ont acquis une certaine expérience tiennent compte de ces diverses considérations dans le travail qu'ils effectuent en fonction, bien entendu, du projet et du stade de réalisation auquel il est parvenu.

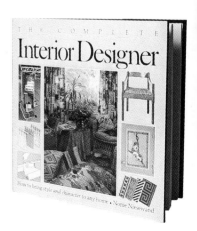

Présentation générale

■ **Ci-dessous.** Pour être bien sûr d'avoir saisi les instructions du client, on peut récapituler le cahier des charges* sur une série de planches. Chacune de ces planches (vous vous servirez de préférence de la même terminologie que le client) détaillera les différents objectifs visés par le projet, par exemple le marché à cibler, les idées directrices, etc. Présentez au client cette série de planches aussi vite que possible après la commande et pensez à éclaircir tout point ambigu.

Les techniques visuelles traitées dans ce chapitre sont destinées à aider le graphiste à présenter ses idées au client avec efficacité. Ces techniques peuvent être utilisées pour exposer le développement du projet lui-même ou pour expliquer et explorer ses aspects pratiques et son processus de réalisation. Dans les faits, les deux aspects sont souvent combinés.

Le graphiste se servira de ces techniques visuelles pour deux raisons : la première pour se vendre lui-même et vendre son style en gagnant la confiance du client et en obtenant son accord ; il lui faut alors, en présentant des travaux antérieurs, prouver qu'il ou qu'elle est la personne la plus apte à réaliser ce projet. S'il s'agit d'un travail complexe comme peut l'être un sigle* de société et que le budget est conséquent, le graphiste peut se trouver alors en concurrence avec un certain nombre de spécialistes. C'est pourquoi il est crucial qu'il sache bien se présenter lui-même, exposer clairement ses premières idées sur le produit concerné et qu'il puisse montrer au client des réalisations similaires menées avec succès.

La seconde raison d'utiliser les diverses techniques visuelles disponibles est qu'il faut pouvoir présenter au client sa propre analyse des problèmes ainsi que les solutions qu'on y apporte. De cette manière, on fait participer le client à l'élaboration du projet, ce qui contribue à renforcer le climat d'entente et à donner confiance quant à la bonne marche du projet.

ORGANISATION DES PRÉSENTATIONS

La présentation elle-même doit être considérée comme le premier problème auquel il faut apporter une solution. En d'autres termes, la pré-

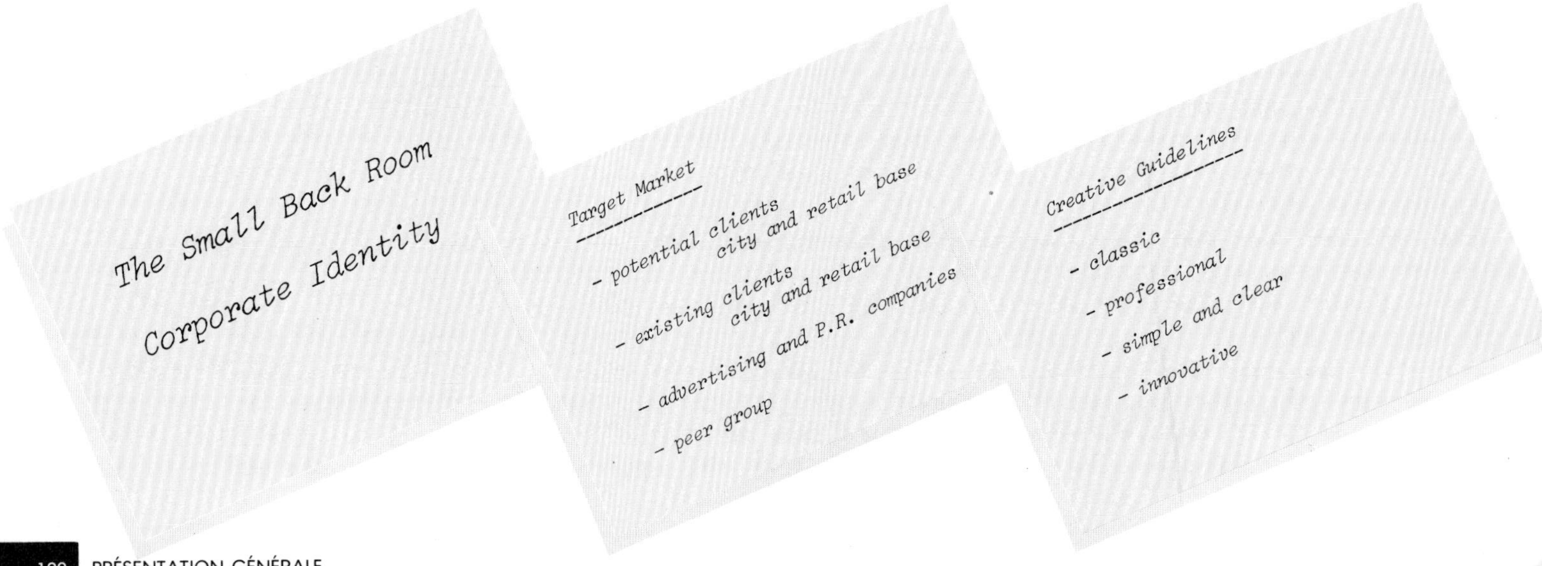

The Small Back Room
Corporate Identity

Target Market
- potential clients
  city and retail base
- existing clients
  city and retail base
- advertising and P.R. companies
- peer group

Creative Guidelines
- classic
- professional
- simple and clear
- innovative

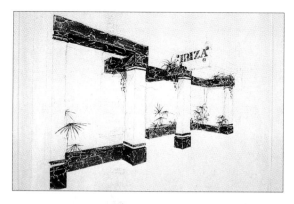

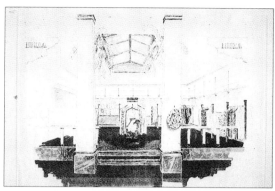

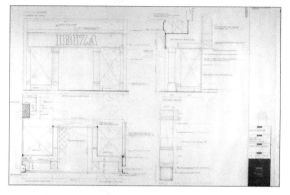

■ **A gauche.** Pour ce projet de devanture et d'aménagement intérieur de magasin, il a fallu présenter des dessins à la fois techniques et descriptifs. Le graphiste a décidé de monter les dessins sur planche comme des plans d'architecture et d'expliquer en détail au client les raisons de son choix. Il a ensuite distribué des copies de ses dessins pour que le client les étudie et puisse faire au besoin des commentaires.

sentation fait aussi partie du projet ; elle doit être agréable pour les yeux tout en communiquant des informations de façon vivante et intéressante. Elle est constituée d'un résumé écrit accompagné de supports visuels (décrits dans les paragraphes suivants). Le contenu et le style de la présentation doivent être soigneusement préparés dans l'optique choisie. Le choix du support visuel est en grande partie une question de goûts personnels. D'autre part, il ne faut pas perdre de vue que deux présentations ne sont jamais identiques. Chaque présentation doit être préparée spécialement pour un client ou un produit particulier. En conséquence, on doit adapter le style aux supports visuels.

Même une présentation élémentaire et improvisée nécessite une préparation. Le premier point à définir est le but qu'elle vise ; il peut simplement s'agir d'explorer des idées avec le client ou bien d'étudier le concept point par point, celui-ci ayant été préalablement accepté par le client (depuis les premières ébauches jusqu'à un certain nombre d'esquisses). Le but de la présentation doit être clair et bien indiqué : les points-clés feront l'objet d'une liste ou peut-être d'un plan. Il faut préparer chaque étape de la présentation de manière à accorder le texte aux images. Pendant la présentation, le graphiste doit se montrer souple. On doit aider certains clients à saisir plus clairement le but du projet ; le graphiste ne doit jamais craindre de poser trop de questions, par exemple sur la clientèle à laquelle est destinée le produit ou bien sur le style ou l'image de marque que l'on souhaite donner au produit.

Il faut enfin trouver le support visuel qui conviendra le mieux à cette présentation. On doit prendre divers éléments en considération, par exemple, le stade d'avancement du projet, le caractère de la présentation elle-même, le nombre de personnes y assistant, leur degré de sensibilité aux images et enfin la possibilité d'inclure des esquisses ou des maquettes.

PRÉSENTATION PERSONNELLE

Le graphiste doit faire preuve d'assurance et d'une certaine habileté pour bien réussir sa présentation. Au premier abord, celle-ci peut lui paraître intimidante mais s'il est bien préparé, il rencontrera peu de problèmes à condition tou-

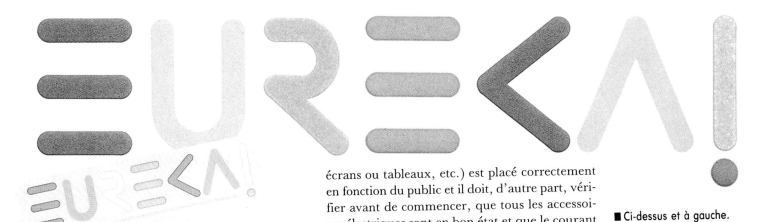

écrans ou tableaux, etc.) est placé correctement en fonction du public et il doit, d'autre part, vérifier avant de commencer, que tous les accessoires électriques sont en bon état et que le courant électrique est adapté à ses appareils.

TABLEAUX BLANCS DE CONFÉRENCE

Encore appelés tableaux Velleda*, ceux-ci se présentent comme des tableaux classiques mais ils offrent une surface blanche. Ils existent en diverses dimensions. Les plus petits peuvent se mettre sur un chevalet, les plus grands sont généralement montés sur les murs des salles de conférence.

On utilise des marqueurs dont l'encre à base d'eau s'efface facilement. Le marqueur est idéal pour écrire sur la surface brillante du tableau et il a l'avantage de donner une impression de simplicité et de rapidité quand on commence à explorer avec le client et ses collaborateurs les différentes idées proposées. On peut, par exemple, reporter sur le tableau les éléments-clés d'un projet pour les discuter avec des collègues et éventuellement les modifier avant de faire des croquis et de travailler ses premières esquisses.

Il serait souhaitable de susciter la même ambiance détendue lors de la présentation, ceci afin d'inciter le client à participer à l'élaboration du projet. Ce genre d'ambiance ne doit cependant pas faire oublier qu'il faut soigneusement préparer à l'avance ce qui devra être dit ainsi que nous l'avons déjà mentionné. On doit s'entraîner à présenter les idées-maîtresses du projet : écrire les mots-clés, illustrer ou analyser à l'aide

■ **Ci-dessus et à gauche.**
Pour ce projet de sigle*, le graphiste a jugé préférable et plus pratique de faire une présentation de diapositives, étant donné que le sigle devait apparaître dans des contextes divers. Il fallait aussi présenter ce projet à un groupe d'une dizaine de personnes. Comme il s'agissait d'un travail important, le graphiste a trouvé bon de distribuer des copies de son projet au client et à ses collègues pour qu'ils puissent juger personnellement.

tefois qu'il sache se détendre. Il est conseillé de répéter devant des collègues non seulement pour se sentir plus assuré mais aussi pour obtenir leur avis sur le style et le contenu de la présentation. La volubilité ou, d'une manière générale, la facilité de parole ne sont pas essentielles ; en revanche, il est crucial de s'exprimer clairement et de façon convaincante quant aux points principaux. Il faut se souvenir qu'un peu d'humour est toujours utile.

Sur le plan pratique, le graphiste doit s'assurer, d'une part, que son matériel (projecteurs,

d'agrandir son écriture ordinaire ; le graphiste doit également choisir parmi les marqueurs celui qui offre l'épaisseur de trait voulue. Une fois qu'il a acquis de l'expérience et de l'assurance, le graphiste peut alors envisager une présentation de ce genre dans un court laps de temps.

De nombreux dessinateurs utilisent ces tableaux au lieu de « blocs conférenciers » pour préparer à l'avance leurs idées et en inscrire la liste. Ce type d'approche simple et détendue permet d'exposer des idées de façon claire et souple. Le but de l'opération est d'arriver à présenter au client l'idée-maîtresse du projet à partir d'esquisses et de croquis.

En préparant la présentation au tableau, le graphiste peut ainsi montrer au client comment il entend réaliser le projet et lui expliquer avec des mots et des dessins comment il interprète les instructions qu'il a reçues. Il n'a plus ensuite qu'à revoir les divers points qu'il a notés et à explorer d'autres idées à l'aide de croquis.

Pour une organisation pratique de la présentation, on peut fixer au tableau des caches qui se déroulent et font apparaître, étape par étape, juste la partie sur laquelle on travaille.

Grâce au tableau, on dispose pour faire la présentation, d'une souplesse et d'une maniabilité appréciables ; on peut, en effet, se servir de ce tableau comme d'un grand carnet ou cahier de croquis sur lequel le graphiste et ses collègues

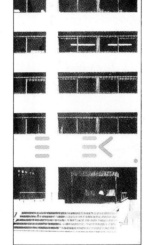

de plans et de dessins les questions relatives au marché ou celles qui sont propres à l'image. A ce stade du projet, il n'est pas indispensable que le graphiste ait des talents particuliers pour présenter des plans ou des dessins sans complications mais il doit pouvoir dessiner d'une main sûre et rapide, faire bon emploi des traits et des couleurs et écrire de façon très lisible et détendue.

Il est essentiel qu'il s'exerce d'avance à écrire et à dessiner devant ses collègues. Non seulement il faut que les mots soient écrits lisiblement mais l'organisation des éléments doit apparaître sur le tableau de façon claire parce que son sens de la mesure et ses capacités sont ainsi démontrés. Il est plus facile d'écrire en lettres majuscules que

■ Il fallait démontrer que le sigle* pouvait être décliné* avec succès sur une variété d'objets ou de supports. Les maquettes ont d'abord été réalisées en studio puis elles ont été photographiées.

peuvent travailler leurs idées dans la détente ; il est également pratique lorsqu'on présente son projet au client seul ou lors d'une réunion de groupe plus structurée. Enfin, du fait qu'il s'efface facilement, on peut travailler diverses idées successivement.

TABLEAUX DE TYPE « BLOC-CONFÉRENCIER »

Ce type de tableau a depuis longtemps fait ses preuves en ce qui concerne les présentations de concepts pour un projet donné. Lors de réunions avec le client, ces tableaux peuvent consister simplement en une série de planches que l'on peut tenir à la main ou qui peuvent être placées sur un support ou bien retenues par une spirale ou exécutées sur des feuilles de dessin que l'on rabattra les unes sur les autres au cours de la présentation.

Les règles que l'on applique sont les mêmes que pour les tableaux blancs. On doit les préparer à l'avance ; on utilise, en général, des marqueurs et des crayons de couleur. Les facteurs les plus importants restent la netteté et la lisibilité plutôt que les détails et la finition. Ces tableaux conviennent aux présentations simples qui se caractérisent par une utilisation audacieuse des couleurs et de l'écriture. Comme il est impossible d'effacer, du moins immédiatement, il convient de laisser un espace suffisant autour du texte, des diagrammes ou des croquis pour pouvoir introduire au besoin des notes et d'autres dessins. Pour les éléments typographiques, vous pouvez vous servir de grilles à lignes parallèles qui donnent la taille voulue des lettres et, à l'aide d'une autre feuille de papier, vous pouvez corriger leur espacement si nécessaire. Comme sur les tableaux blancs vous préférerez les majuscules à l'écriture ordinaire, lorsque vous devrez tracer de grandes lettres.

Les tableaux de type « bloc-conférencier » sont économiques, pratiques et efficaces pour la communication d'informations à une personne ou à un groupe. Ils permettent au graphiste, entre autres avantages, d'inclure dans sa présentation certains de ses croquis ou même des esquisses plus avancées, en un ou plusieurs tableaux. En fait, l'intérêt d'une présentation avec ce type de tableaux est qu'ils permettent d'exposer les moyens de résoudre les problèmes posés par le projet et aussi d'inclure des éléments du projet lui-même.

LE RÉTROPROJECTEUR

La technique de présentation avec rétroprojecteur n'est utilisée que par un petit nombre de graphistes. Elle n'est cependant ni particulièrement coûteuse, ni difficile mais son emploi ne convient vraiment que pour des réunions à plusieurs participants.

La rétroprojection* se fait à partir d'images placées sur support transparent (film ou acétate)*. On peut les préparer d'avance sur rouleau, ce qui permet un déroulement continu ou sur feuilles séparées, ce qui donne une présentation par étapes. Les transparents sont placés sur la plaque de verre de l'appareil et l'image est projetée sur un écran vertical. Un film peut être ajouté et superposé pour compléter le matériel à projeter par des informations ou pour expliquer des points compliqués. On peut inscrire des notes ou apporter des modifications directement sur l'acétate* en utilisant des marqueurs spéciaux.

Les rétroprojecteurs sont, pour la plupart, d'assez petite taille pour être portatifs et donnent des images aussi nettes que les originaux. Ils sont fournis avec un élément où l'on peut placer les rouleaux ainsi qu'avec des cadres en carton permettant de monter séparément les transparents. Il existe un grand choix de matériel de diverses marques qui facilitent beaucoup la préparation d'une présentation à faire en rétroprojection. On trouve des produits de transfert à sec (des lettres, des chiffres, des symboles graphiques, des formes géométriques, des pictogrammes), des films translucides auto-adhésifs de diverses couleurs et des textures pour colorer ou teinter certaines parties d'images ainsi que des feuilles techniques et des grilles avec des axes pour les graphiques, diagrammes et modules de mise en page. De plus, certains logiciels peuvent maintenant produire des plans et des graphiques d'aspect professionnel qui peuvent être reproduits sur film de rétroprojection grâce à l'imprimante au laser. Les marqueurs noirs ou de couleur spéciaux pour rétroprojection sont à base d'eau ou d'encre indélébile (en réalité, cette encre peut s'effacer si l'on utilise un coton imbibé de solvant). Les pointes existent en diverses épaisseurs.

Avec l'aide de tout ce matériel, la préparation pour une présentation avec rétroprojecteur ne nécessite ni beaucoup d'expérience ni beaucoup d'effort. On peut regretter que cette technique ne serve pas plus souvent. Dans l'ensemble, on pense qu'elle rend les présentations trop sophistiquées pour la majorité des clients qui préfèrent des réunions seul à seul ou par groupe ne dépassant pas six personnes. Cette méthode est surtout utile pour des projets importants, complexes comme il s'en présente dans l'industrie. Dans ce cas, la rétroprojection est largement utilisée pour expliquer les procédés techniques, la stratégie de marketing*, etc. Contrairement aux tableaux blancs et aux blocs-conférenciers, avec la rétroprojection* on ne peut pas introduire les premiers dessins concernant le projet.

PRÉSENTATION DE DIAPOSITIVES

C'est une technique en faveur chez de nombreux graphistes parce qu'elle offre un large éventail de possibilités et occasionne peu de frais. Le graphiste présente au client une série de diapositives en couleur pour lui montrer les étapes correspondant au développement du concept d'un projet. Il peut emprunter des exemples à d'autres projets similaires et utiliser des diapositives de texte, faisant apparaître en toutes lettres les objectifs essentiels du concept et au besoin du projet lui-même.

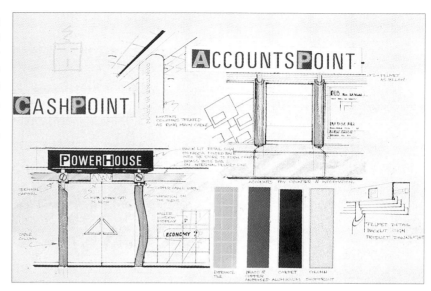

■ **Ci-dessus.** Sur cette planche d'un projet de restructuration de bureaux consulaires dans une ambassade figurent des échantillons de céramique, de moquette et de peinture.

L'avantage de ce type de présentation est de pouvoir s'adapter à des cas nombreux. Par exemple, on peut choisir pour présenter au client le press-book du studio ou montrer à des clients potentiels les étapes de réalisation d'un projet réussi depuis les instructions écrites jusqu'au stade final en passant par l'élaboration du concept, les séries d'esquisses et le modèle fini. En architecture, on peut déjà fournir des documents importants, par exemple une vue du site avant même de présenter ses premières esquisses.

D'un point de vue pratique, le projecteur à carrousel est peu encombrant et portatif. Après avoir placé les diapositives dans l'ordre, on déterminera un laps de temps entre elles de façon à insister, si on le désire, sur certaines images essentielles. Il ne reste plus alors au présentateur qu'à fournir les explications qu'il aura préalablement préparées pour accompagner la projection.

Beaucoup de graphistes utilisent aujourd'hui des diapositives de 35 mm comme référence pour tous leurs projets antérieurs, ceux-ci étant répertoriés depuis l'étape de la présentation jusqu'au stade final de la réalisation. Les diapositives for-

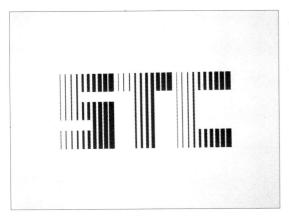

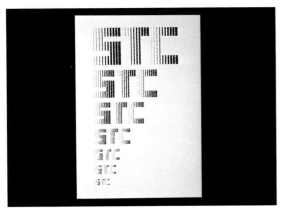

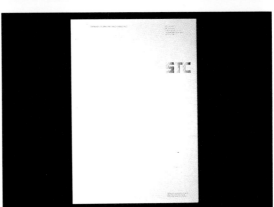

ment ainsi un catalogue permanent de réalisations du graphiste et celui-ci peut les utiliser au moment voulu. Cette méthode offre un autre avantage considérable, celui de procurer des images qui peuvent être tirées sur papier à peu de frais et qui lui serviront éventuellement dans des brochures destinées à sa publicité personnelle ou pour donner des références à ses clients.

Il existe un autre type de présentation plus sophistiquée que la précédente puisqu'elle est accompagnée du son. Elle offre une alternative intéressante à la vidéo et aux films de 16 mm.

Une bande préalablement enregistrée est associée au projecteur et synchronisée avec la projection de chaque diapositive. On peut l'envisager dans le cas d'un projet d'importance, d'un travail prestigieux ou si le client veut présenter le projet à « son propre client » ou à sa direction générale.

VIDÉO ET DESSINS ANIMÉS

Les graphistes ne font pas souvent appel à la vidéo sauf pour la publicité à la télévision et au cinéma. Les architectes s'en servent à l'occasion. Le dessinateur publicitaire enregistrera vraisemblablement son travail sur une bande vidéo qu'il présentera au besoin au client potentiel pour se vendre lui ou son agence en montrant leurs réalisations dans ce domaine. La bande ne peut pas être retravaillée lors de la présentation mais permet de rassembler des informations de base.

Par exemple, on peut suivre en image les procédés de fabrication des pièces de voiture. Dans un autre cas, on verra le site sur lequel on projette de construire un complexe commercial ainsi que ses routes d'accès, les lignes téléphoniques et autres nécessités qui s'y rapportent.

Les dessins animés peuvent servir à rendre plus vivantes les présentations architecturales. S'il s'agit d'un modèle ou d'un dessin, la caméra vidéo peut créer l'effet de mouvement dans et autour du bâtiment et donner l'illusion que des personnes ou des objets bougent contre un fond immobile. Cependant c'est plutôt la présentation du concept lui-même que son traitement graphique qui nécessite l'emploi de techniques audio-visuelles.

Glossaire

Acétate : Feuille transparente mate ou brillante existant en plusieurs épaisseurs. Elle est utilisée comme calque.

Aérographe : Appareil inventé par Charles Burdick en 1893. Il est utilisé en peinture et fonctionne à l'air comprimé. L'air, mélangé à la peinture ou à l'encre produit une fine pulvérisation de la couleur.

Aplat : Teinte plate uniforme.

Approche : Espace laissé entre deux lettres lors de la composition d'un mot ou d'une phrase. L'importance de ce blanc varie suivant la longueur de la justification de la ligne, le nombre de mots et le type de caractère choisi.

Banc de reproduction : Agrandisseur manuel permettant de reproduire un original en différentes tailles directement sans passer par un négatif.

**« Brief »
ou cahier
de charges** : Réunion d'information ou compte-rendu de réunion destiné à renseigner les participants d'une campagne publicitaire sur le produit et sur l'orientation de la marche à suivre.

Brochage : Technique utilisée en reliure pour fixer les différentes feuilles d'un cahier ; le brochage consiste à fixer l'ensemble du cahier soit par piquage (agrafe) soit par une couture simple au milieu de la pliure.

Bromure : Tirage sur papier d'une photo en noir et blanc.

Bruineur : Système permettant de produire des effets de pointillés irréguliers comme de la bruine.

Brunissoir : Sorte de spatule utilisée sur métal par les graveurs pour aplanir le métal aux endroits qui ne doivent pas être gravés.

Carton-plume : Plaque de polyuréthane ou de polystyrène recouverte sur chaque face d'une feuille de carton collée.

« Cleaner » : Produit spécial de nettoyage de films.

Collage : Technique de composition d'images réalisées à partir de formes découpées dans des matériaux divers et assemblées sur une surface (par exemple, les collages cubistes).

**« Color Key »
(procédé)** : Système permettant d'obtenir des images en couleur à partir d'un original noir et blanc transparent. Les films de couleurs variées sont exposés aux rayons ultra-violets avec le film négatif de l'image à reproduire. Le film est ensuite développé avec un révélateur spécial.

Composition manuelle : Composition typographique

Contre-collage : Cette opération consiste à coller une feuille sur un support rigide.

Contre-collé : Carton encollé d'une feuille de dessin.

Corps d'un caractère : En typographie, le corps de la lettre correspond à sa hauteur mesurée depuis son pied (base de la lettre) jusqu'à sa tête (partie supérieure). Cette hauteur se mesure en points (unité : point Didot ; point Pica).

Coupe : Présentation de la partie interne d'un objet.

Croquis-calque : Présentation technique d'une mise en page réalisée généralement sur papier calque. Le document directement destiné au compositeur-typographe ou au photocompositeur comporte toutes les indications permettant de réaliser le travail tel qu'il est prévu sur la maquette imaginée par le graphiste (type de caractère, taille, organisation du texte, etc.).

Décliner : Décliner une forme consiste à lui rechercher des applications sur différents supports.

Diagramme : Tracé schématique destiné à présenter les parties d'un ensemble

traditionnelle consistant à assembler des caractères mobiles en plomb. On réunit les lettres une à une pour composer les mots.

ainsi que leur disposition les unes par rapport aux autres.

Écriture cursive : Écriture généralement penchée (mais pas obligatoirement) imitant l'écriture courante manuscrite ou s'en inspirant ; le mouvement y est l'élément le plus caractéristique.

Ellipse : Terme servant à désigner les cercles vus en perspective.

Filet technique : Fin contour tracé autour d'une surface afin de l'isoler et de permettre de la traiter indépendamment des autres (synonyme de frontière).

Filicoupeur : Fil chauffé électriquement à basse température. On l'utilise pour couper les mousses synthétiques sans les faire fondre.

Film vinyl : Film en plastique souple.

Flexographie : Procédé d'impression apparenté à la typographie (forme imprimante en relief). La flexographie utilise des clichés caoutchouc où l'image imprimante est en relief.

Gaufrage : Terme utilisé en typographie. Ce procédé consiste à produire une impression en relief à l'aide d'une pression exercée sur la page à imprimer.

Grammage : Poids du papier au

	mètre carré.
Gutta	: Colle à base de caoutchouc dilué dans de la benzine. Elle est couramment utilisée en maroquinerie et présente l'avantage de sécher rapidement.
« Lay-out »	: Anglicisme utilisé dans le vocabulaire courant des professionnels pour désigner une recherche d'illustration exécutée au feutre (synonyme de rough).
Letrachrome	: Ce système diffusé par Letraset permet d'obtenir des images en couleur Pantone à partir de documents en noir et blanc. Il existe une option Letrachrome transfert permettant de réaliser des feuilles qui seront reportées sur toute surface lisse et une option Letrachrome direct permettant de reproduire directement le document initial sur papier plastifié ou sur film transparent.
Lettres de transfert	: Système de décalcomanie appliqué aux lettres.
Livre en blanc ou livre fictif	: Maquette de livre dont seules les premières et les dernières pages sont réalisées en vue de la présentation au client (le reste du volume est vierge et n'est utilisé que pour donner du corps au livre dont on présente le projet).
Logotype	: Présentation d'un nom dont toutes les lettres ont été assemblées de manière à former un ensemble structuré. On peut compter dans cette catégorie les sigles et les monogrammes.
« Mailing »	: Publicité par correspondance. Il fait partie des techniques de marketing direct.
Maquette finalisée	: Maquette de présentation destinée au client.
Marché à cibler	: Appellation servant à désigner l'éventail des consommateurs visés que le publicitaire cherchera à atteindre par les voies de la communication et par le marketing.
« Marketing » (stratégie de)	: Concept, démarche et plan de « bataille » d'une campagne publicitaire.
« Masking » ou masquage	: Technique consistant à dissimuler une partie d'un document pour travailler plus facilement sur une autre.
Metacrylate	: Produit servant à la fabrication du plexiglas.
Mezzo-teinte ou « Mezzotint »	: Ce procédé de gravure en creux permet à l'illustration d'être réalisée avec une grande variété de valeurs traduites avec beaucoup de velouté dans les nuances.
« Offset »	: Dérive de la lithographie dont il conserve les principes. Il permet d'imprimer avec des formes imprimantes plates (contrairement à la typographie qui nécessite

des formes imprimantes en relief et à l'héliogravure qui utilise des formes imprimantes en creux). L'impression en offset se fait par report direct du cliché sur le papier (en passant par un support intermédiaire : le blanchet).

Offset sec : Il se présente comme une combinaison des principes de l'offset et de la typographie. Le système du double report propre à l'offset est conservé mais la forme imprimante est identique à celle qu'on utilise en typographie.

« Packaging » : Synonyme de conditionnement, d'emballage.

Passe-partout : Cadre en carton prédécoupé aux dimensions de l'image à encadrer.

Perroquet : Traceur de courbe, généralement en plastique.

Photo-composition : Ce procédé utilise la photographie pour la composition des textes.

P.L.V. : Publicité sur les lieux de vente. Il s'agit en général de présentoirs.

« Press-book » : Classeur de présentation pour travaux personnels.

Projection axono-métrique : Méthode de perspective fondée sur la projection dans trois directions conventionnelles des lignes de fuite. Ce sont des perspectives dites parallèles conventionnelles (perspective isométrique, dimétrique, trimétrique).

Projection isométrique : Mode particulier de projection axonométrique selon lequel les fuyants, au nombre de trois, sont orientées suivant un angle égal à 120°. Les projections isométriques sont essentiellement utilisées en architecture ou pour présenter des mécanismes spécifiques.

Projection orthonormée : Technique de représentation schématique de formes suivant des directions exclusivement horizontales ou verticales organisées sans effet de perspective.

Protocole : Maquette ou schéma indiquant sommairement l'organisation d'une mise en page.

Rapidographe : Stylo rechargeable à pointe tubulaire utilisant de l'encre de Chine.

Reprographie : Technique de reproduction de documents.

Rétro-projection : Procédé permettant de projeter sur écran un document original, dessin ou film.

« Rough » : Esquisse destinée à établir l'atmosphère et le style d'une image publicitaire et non l'emplacement des éléments.

Scotch double-face : Ruban adhésif collant des deux côtés. Il permet

Séparation des couleurs : Sélection des couleurs basée sur la décomposition du spectre solaire (arc-en-ciel) de manière à faire ressortir les couleurs principales (couleurs primaires). Elle est utilisée pour la reproduction des documents.

Sérigraphie : Procédé d'impression dérivé du pochoir permettant de reproduire des textes ou des images grâce à un tissu de nylon ou de fibre polyester tendu sur un cadre (écran). L'impression se fait en laissant passer l'encre au travers des mailles du tissu après que celui-ci a été mis en contact direct avec la feuille devant recevoir l'image ou le texte. Les zones non imprimantes doivent être cachées (il suffit de rendre impossible le passage de l'encre au travers de certaines parties du tissu). Ceci est réalisé manuellement grâce à un vernis déposé au pinceau, soit par un film découpé et collé à même l'écran soit par procédé photomécanique.

Sigle : Il représente la marque patronymique de fabricants ou de produits spécifiques. Ils peuvent prendre différentes formes, simples (typographiques : logotypes, dessinées : symboles visuels, idéogrammes, etc.) ou combinées.

« Story-board » : Série d'images esquissées indiquant schématiquement l'ordre et la succession des différents plans d'un film. L'ensemble doit se lire en continu comme une histoire.

Téléfax : Procédé de transmission des images (généralement des dessins) par téléphone. Le téléfax utilise un code de signaux électriques permettant de traduire chaque partie du dessin.

Texture : Aspect visuel d'une matière.

Timbrage : Principe d'impression identique au gaufrage mais avec un résultat différent : les parties en creux de la plaque sont gaufrées en relief et en couleur sur le papier.

Timbrage à chaud : Il est utilisé en dorure pour obtenir des impressions en relief ou en creux sur des couvertures de livres. Il s'effectue à l'aide d'un fer à dorer, chauffé préalablement. L'image en relief sur le fer se placera au recto ou au verso de la couverture.

Trame : Juxtaposition de points de taille inégale permettant de reproduire les différentes graduations d'une ou de plusieurs teintes. Les trames sont nécessaires toutes les fois qu'on désire reproduire une photo ou un original comportant plusieurs teintes nuancées.

Trompe-l'œil : Technique picturale ultra-réaliste visant à reproduire un modèle de telle façon que le spectateur confonde l'image et la réalité (voir les peintures en trompe-l'œil réalisées par Veronèse pour la villa Barbaro à Moscra en Italie).

Type (en typographie) : Terme générique permettant de désigner toute lettre d'un style défini par des caractéristiques spécifiques (exemple : le type Univers, le type Bodoni, etc.).

Univers (typographie) : Type de caractère créé par le graphiste suisse Adrian Frutiger en 1957. Il existe 21 variantes de ce caractère. Chaque modèle est défini par un nombre. Les codes pairs désignent des caractères italiques, les codes impairs des caractères romains.

Velleda : Tableau blanc sur lequel le feutre s'efface.

Visuels : Toute présentation sous forme d'image (par opposition au texte seul). Ils peuvent être des dessins, des graphiques, des photos, etc.

Vue éclatée : La technique des vues éclatées consiste à présenter les parties d'un objet désassemblé totalement ou partiellement.

Vue partielle : Présentation d'une partie sélectionnée d'un objet.

Index

Remerciements

pp6-7 *au milieu* Minale Tattersfield & Partners Ltd. **p7** *en haut* G. Dumbar for The Design Press. **p8** Moira Clinch. **p9** *au milieu et en haut* Chermayeff & Geismar Associates ; *en bas à droite* Trickett & Webb Ltd. **p11** QDOS. **pp12-14** Trickett & Webb Ltd. **p15** Quarto Concept. **p16** *à gauche* Robinson Lambie-Nairn. **p17** *en bas* QED. **p18** Pirtle Design. **p19** Robinson Lambie-Nairn. **p22** *en haut* Chermayeff & Geismar Associates ; *en bas* Pirtle Design. **p24** *en haut* Clive Allcock-Bowden. **p25** Clive Allcock-Bowden. **p28** *en haut à droite* Tricket & Webb Ltd ; *en bas* Ehrenstrahle & Co. Ltd. **p29** Pirtle Design. **pp44-45** Richard Beards for A La Carte Magazine. **p46** Helen Charlton. **p52** *en haut et en bas à droite* Robinson Lambie Nairn ; *en bas à gauche* Joe Lawrence. **p53** *à gauche* Joe Lawrence for K.M.P. ; *à droite et en bas* Robinson Lambie-Nairn. **p54** *en haut* John Gorham for Watney Mann & Truman Brewers ; *en bas* The Yellow Pencil Company. **p55** Ehrenstrahle & Co Ltd. **p56** *en bas* Clare Melinsky/Lock Petterson for Barclays Bank North-Western District. **p57** Hugh Marshall for Asta Advertising Ltd. **p58** Douglas Ingram. **p59** *en bas à gauche* Quarto Concept ; *en haut et à droite* Richard Beards/the Clockwork Studio for the English Tourist Board. **p60** Richard Beards/C.Y.B. for *Farmer's Weekly.* **p61** Douglas Ingram. **p62** *en haut* Quarto Concept ; *en bas à gauche* Moira Clinch ; *en bas à droite* QDOS. **p63** *en haut* The Design Clinic. **p65** Peter Clark. **p66** *au milieu* QDOS ; *en bas* Trickett & Webb Ltd. **p67** *en bas* The Design Clinic. **pp68-69** Mick Hill. **p70** Joe Lawrence/Business Address Limited for Avdel. **p71** *en haut* The Yellow Pencil Company ; *en bas* Chartwel Products. **p72** *en haut* David Critchlow Architects. **p73** Stephen Wilson. **p75** Rita Wuethrich. **p76** *à gauche* Rita Wuethrich. **p77** Clive Allock-Bowden. **pp78-81** Bob Cocker. **p82** *en haut* QDOS ; *en bas* Trickett & Webb Ltd. **p83** QDOS. **p84** *en haut à gauche* Pirtle Design ; *en haut à droite* QDOS ; *au milieu* Helen Charlton. **p85** *à gauche* Penguin Books Ltd ; *à droite* Sue Wilks. **p86** Agfa Gevaert Ltd. **p87** *à gauche* Moira Clinch. **p88** Mick Hill. **p89** *à droite* Richard Beards/C.Y.B. for *Farmer's Weekly.* **p90** Mick Hill. **p91** *en haut à gauche* QDOS ; *en haut à droite* Chermayeff & Geismar Associates. **p94** Rita Wuehrich. **p99** *en haut* Paulette Harrison Printers. **p102** Quarto Concept. **p103** Brown, Wells and Jacobs Ltd. **p104** *en haut* Quarto Concept. **p105** Trickett & Webb Ltd. **p107** *en bas* Quarto Concept. **p108** Quarto Concept. **p109** Peter Windett. **pp110-111** Indicator Design Consultants. **p112** The Design Clinic. **p120** *en bas à gauche* Rita Wuethrich. **p128** The Small Back Room Ltd. **p129** Indicator Design Consultants. **pp130-131** Mervyn Kurlansky/Pentagram Design Ltd. **p133** Indicator Design Consultants. **pp134-135** Mervyn Kurlansky/Pentagram Design Ltd.